주식의 완성
교양 쌓기

주식의 완성
교양 쌓기

2021년 2월 22일 초판 1쇄 발행

지은이   이재범
펴낸이   김남길
펴낸곳   프레너미
등록번호   제386-251002015000054호
등록일자   2015년 6월 22일
주소   경기도 부천시 소향로 181, 101동 704호
전화   070-8817-5359
팩스   02-6919-1444

프레너미는 친구를 뜻하는 "프렌드(friend)"와 적(敵)을 의미하는 "에너미(enemy)"를 결합해 만든 말입니다.
급변하는 세상속에서 저자, 출판사 그리고 콘텐츠를 만들고 소비하는 모든 주체가
서로 협업하고 공유하고 경쟁해야 한다는 뜻을 가지고 있습니다.
프레너미는 독자를 위한 책, 독자가 원하는 책, 독자가 읽으면 유익한 책을 만듭니다.
프레너미는 독자 여러분의 책에 관한 제안, 의견, 원고를 소중히 생각합니다.
다양한 제안이나 원고를 책으로 엮기 원하시는 분은 frenemy01@naver.com으로 보내주세요.
원고가 책으로 엮이고 독자에게 알려져 빛날 수 있게 되기를 희망합니다

주식의 완성
교양 쌓기

이재범(핑크팬더) 지음

프레너미
FRENEMY PUBLISHING

contents

3. 주식으로 기업의 세계를 알아보자

4. 자신의 경험과 지식을 자산으로 만들자

5. 주식으로 교양이 쌓일수록 이익도 쌓인다

6. 주식투자의 스승들, 아는 만큼 보인다

주식투자, 경험의 크기와
지식의 깊이가 답이다

주식은 우리가 가장 쉽게 접근할 수 있는 투자 중 하나입니다. 한 주에 몇백 원짜리도 있으니 몇천 원만 있어도 시작할 수 있습니다. 쉽게 접근할 수 있는 투자이긴 하지만 수익을 내는 것은 결코 쉽지 않습니다. 간혹 '초심자의 행운'으로 시작하자마자 수익을 내는 경우가 있는데 이것이 현실을 더 불안한 상황으로 몰고 가기도 합니다. 적은 돈으로 수익을 내자마자 드는 생각은 더 큰 금액을 투자하면 더 큰 수익을 낼 수 있다는 판단이 선다는 것입니다. 지극히 당연한 판단이지만 실제 수익도 그럴지는 미지수입니다.

대부분 이런 식으로 주식투자를 시작해 수익도 못 내고 손해 보기를 반복합니다. 손해를 보지 않겠다면서 여러 기술도 배우지만 이마저도 쉬운 것은 아닙니다. 투자에 집중할 수 있는 여건도 안 되고요. 직장 생활을 하면서 차트 보랴 재무제표 보랴 막막한 상황의 연속입니다. 본다고 해도 무슨 의미인지도 모르겠고 이걸 본다고 수익이 늘어나는 것 같지도 않아 자연스럽게 투자에 관심이 사라집니다. 그러다 주식시장이 좋다는 뉴스가 나오고 주변에서 큰 수익을 냈다는 이야기를 듣고 또다시 시작하려 하지만 여전히 막막합니다. 이렇게 같은 행동을 반복하는 거죠. 이 과정에서 잊지 말아야 할 것이 있습니다. 주식투자 이전에 내가 투자하는 대상은 기업이라는 사실입니다. 기업은 사업을 해서 돈을 법니다. 어떤 사업을 하는지도 모르면서 투자한다는 것은 말이 안 되죠. 기업이 활동하는 분야가 전망이 좋은지도 알아야 하고 말이죠.

이런 접근을 어렵게 생각하겠지만 그렇지 않습니다. 그저 내가 살아가는 주변을 잠시 살펴보고 내 소비 패턴을 들여다보면 됩니다. 지인이나 가족들이 좋아하는 제품이 어떤 것인지 조금만 관심을 기울이면 됩니다. TV나 검색에서 자주 노출되는 것이 있다면 사람들이 좋아하는 것이라는 뜻이죠. 관련된 제품을 판매하는 기업이 있을 겁니다. 그 기업은 분명히 이전보다 더 많은 제품을 판매하면서 매출과 이익이 늘어날 겁니다. 여기서 재무제표를 알아야 할 필요도 없고, 차트에 대해 공부하며 연구할 필요도 없습니다. 일상에서 아주 작은 관심으로 어떤 일이 벌어지는지 관찰만 해도 충분합니다.

교양은 문화에 대한 폭넓은 지식이라는 뜻이 있습니다. 주식 투자를 위해서 교양은 필수입니다. 자연스럽게 관심 있는 분야를 캐치하고 해당 기업을 살펴보기 위해 공부하다 보면 교양이 쌓입니다. 예를 들어 최근에 가장 핫한 BTS가 있습니다. 우리는 대부분 음원으로 접하고 영상을 통해 노래하고 춤추는 걸 알고 있습니다. 아이돌 스타가 꽤 큰돈을 버는 것도 잘 아실 겁니다. 그렇다면 아이돌 스타가 소속된 기획사도 돈을 많이 벌겠죠. 아마 아이돌 스타가 음원이나 예능 프로그램에 나와 돈을 번다고 생각하시겠지만 아닙니다. 정작 가수가 돈을 버는 가장 큰 수익은 음원이 아닙니다. 뉴스에서 지드래곤이 저작권만으로 1년에 약 14억 원을 벌었다고 합니다. 엄청난 숫자는 맞습니다. 음원이 이토록 큰돈이 되지만 실제 가장 큰 수익을 내는 것은 공연입니다. 가수는 누가 뭐래도 공연으로 가장 큰돈을 벌어들입니다. 잠실 주경기장에서

단독콘서트를 한다면 어마어마한 매출이 발생됩니다. 아쉽게도 남자 아이돌에 비해 여자 아이돌은 콘서트를 자주 못합니다. 상대적으로 콘서트장을 꽉 채우기 힘들기 때문입니다.

이런 사실은 충분히 커피를 마시거나 술자리에서 흥미롭게 내가 이야기를 주도할 수 있는 소재가 아닐까요. 연예인에 대해 별 관심은 없어도 이런 식으로 아이돌이 돈을 번다는 이야기에는 흥미가 갈 수밖에 없겠죠. 코로나19로 인해 대면 콘서트가 힘들어지면서 BTS는 온라인 콘서트를 했습니다. 방방콘서트를 통해 동시 접속자가 75.6만 명에 250억 원 정도의 수익을 냈다고 합니다. 확실히 돈 이야기를 하니 더 재미있죠. 이런 사실은 BTS의 기획사인 빅히트엔터테인먼트에 대해 공부하면 알게 되는 내용입니다.

연예인으로 이야기를 했기에 교양까지 느껴지지 않을지라도 얼마든지 기업에 대한 조사를 하면 알게 되는 지식이 엄청나게 늘어납니다. 삼성전자의 경우 스마트폰으로 잘 알려져 있지만 실제로 수익의 대부분은 반도체를 통해서 냅니다. 이런 식으로 이걸 단지 투자라기보다는 내가 세상에 대한 지식을 쌓은 과정이라 할 수 있죠. 아무 기업이나 조사하고 연구해서 투자하는 것은 아닙니다. 내가 관심 있어 하는 분야부터 출발하면 됩니다.

남들은 지루할 수 있어도 나는 즐겁고 재미있게 관련 분야를 좀 더 깊이 공부하면서 지식이 늘어나고 어디 가서 교양을 뽐낼 수 있습니다. 더 신나는 것은 이런 식으로 투자한 기업의 주가가 상승하면 수익까지 낼 수 있습니다. 일석이조가 아닐 수 없죠. 주식투자가 어렵다기보다는 내가 모르는 걸 알아가면서 저절로 따라오는 부산물로 수익까지 챙길 수 있는 거죠.

주식 관련 교양 강의를 한 지 몇 년 되었습니다. 주식에 대해 아무것도 모르는 주린이에게 아주 쉽게 주식투자에 접근할 수 있는 길을 알려주자는 생각으로 시작했습니다. 덕분에 많은 사람들이 수업을 들은 후 주식투자를 시작했고 현재 즐겁게 하고 있다는 이야기를 합니다. 주식투자를 했으니 수익을 내는 것이 핵심이라 할 수 있지만 저는 즐겁게 한다는 표현이 더 좋았습니다. 주식투자를 앞으로도 포기하지 않고 계속 할 것이라는 말과 똑같은 뜻으로 받아들였습니다.

이 책에서는 주식투자를 어렵게 접근하지 말고 부담 없이 편하게 시작하기 바라는 마음에서 그런 방법만 알려드릴 생각입니다. 처음 책을 써야겠다고 마음먹은 지는 꽤 오래되었습니다. 그런데 주식에 대한 이야기를 제가 하는 것이 맞는가에 대한 고민을 한참 했습니다. 다른 주식 책만큼 대단한 기술을 알려드릴 것도 없고, 엄청난 수익을 낸 적도 없기 때문입니다. 꾸준히 조금씩 자산을 불리고 있지만 그걸 보여드릴 수도 없고, 시중에 있는 입이 떡 벌어지는 주식 책에 비해서 자신 있게 말할 수 있는 것이 무엇일지 많은 생각을 했습니다.

제가 내린 결론은 주식투자를 하고 싶지만 소심해서 접근하지 못하는 분들에게 시작할 수 있는 용기를 드린다면 그것으로 제 역할은 다 했다고 봅니다. 주린이라고 표현하는 분들에게 어려운 용어와 숫자로 가득 찬 글은 용기보다는 두려움과 포기를 먼저 가르쳐줍니다. 이 책에는 그런 부분이 없습니다. 주식투자에서 숫자는 아주 중요하지만 처음 시작하는 분들에게는 스토리 위주로 즐겁게 접근하도록 했습니다. 주식투자를 이런 관점에서 쉽게 접근할 수 있다는 사실만이라도 알게 된다면 저는 만족합니다.

책을 읽으면서 나도 모르게 자꾸 내가 좋아하는 것이 뭔지 알아보고, 회사에서 사람들이 좋아하는 것이 뭔지, 함께 모여 이야기할 때 주로 무엇을 관심 대상으로 삼는지 파악하고 있다면 저는 성공이라고 생각합니다. 이 책을 내는 목적 자체가 실생활에서 얼마든지 투자할 수 있는 회사를 발견하라고 권유하는 것입니다. 저도 대단한 시야를 갖고 발견한 기업은 없습니다. 제가 좋아하고 흥미 있어 하고 사람들이 관심 있어 하는 분야와 기업을 찾았을 뿐입니다. 그 이후에 좀 더 조사하고 앞으로도 사람들이 좋아할 것이라 생각되는 기업이면 매수했을 뿐입니다. 단지 그것만으로도 큰 즐거움을 알게 되었습니다. 자신 있게 말할 수 있습니다. 투자는 보너스고 주식으로 뜻하지 않은 지식과 교양이 넘치는 자신을 발견하게 될 것입니다. 이로 인해 주변 사람들에게 인기 있는 동료나 선후배로 꼽히는 경험도 할 수 있을지 모르겠습니다. 이제 저와 함께 출발해보실까요?

1.
주식으로 교양을 쌓아보자

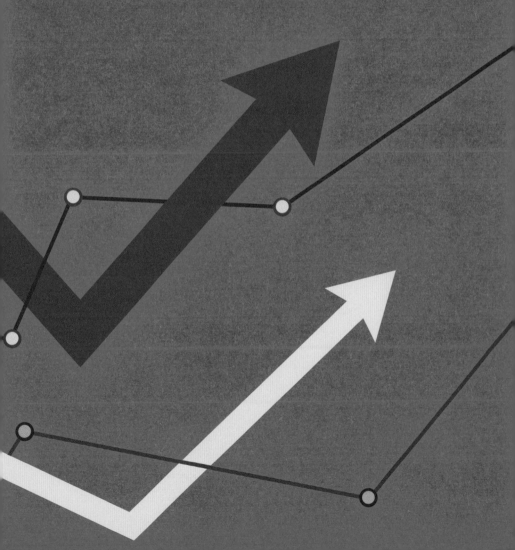

기본 중의 기본,
사업보고서를 꼭 확인하자 _____

초인종 소리와 함께 문 앞으로 달려갑니다. 출출해서 시킨 피자가 드디어 왔습니다. 먹을 생각을 하니 벌써부터 침이 고이고 즐거운 마음으로 문을 엽니다. 신나는 마음으로 피자를 받고 카드를 배달 라이더에게 줍니다. 검은색 커다란 기계를 꺼내더니 제 카드를 그곳에 넣습니다. 잠시 후 기계 소리와 함께 카드는 물론이고 출력된 종이를 줍니다. 종이는 영수증으로 결제된 금액이 찍혀 있습니다.

작은 기계에서 종이가 출력되다니 신기합니다. 도대체 그 기계가 무엇이기에 종이가 출력되는 건지 무척 궁금했습니다. 지금은 배달이 워낙 대중화되었지만 초창기에는 그렇게 많지 않았습니다. 또 배달을 시켜도 카드보다는 현금으로 내는 경우가 훨씬 더 많았고요. 어느 순간부터 치킨이나 피자 같은 배달업체가 많이 생겼을 뿐만 아니라 야식문화가 발달하면서 시켜 먹는 사람이 많아졌습니다. 요즘은 코로나19로 그야말로 배달이 대세죠.

카드 생활이 일상화된 요즘은 현금 자체를 갖고 다니지 않는 사람도 많죠. 몇 년 전까지만 해도 배달 주문을 하면서 현금인지 카드인지 묻는 경우도 많았습니다. 이제는 그런 경우가 드물 정도로 카드는 한국 사회에서 필수입니다. 바로 그 카드로 결제할 때면 영수증을 받게 되는데요, 종이가 출력된다는 점에서 프린터라고 할 수 있습니다. 우리가 프린터라고 하면 사무실이나 가정집에서 쓰는 프린터를 떠올리실 겁니다. 그러나 이렇게 영수증을 출력하는 미니프린터가 있습니다.

그뿐만 아니라 식당에서 카드를 긁으면 기계 소리와 함께 영수증이 나오죠. 보통 그걸 포스(POS) 시스템이라고 하는데 그 전산에 연결된 프린터가 종이를 배출하는 거죠. 식당이 아니더라도 모든 매장에서 카드를 긁으면 영수증이 나오는 기계는 전부 프린터입니다. 이전까지 그다지 잘 시켜 먹지 않던 저도 어느 날부터 피자와 치킨을 배달 주문했습니다. 이렇게 2010년대 초반부터 배달업체가 급성장했습니다. 한국에 자영업자가 많다고 하는데 대부분은 음식 관련 업종입니다. 사람들이 배달을 많이 시키면 자연스럽게 배달업체가 많이 생기겠죠. 배달업체가 많이 생길수록 카드로 결제하는 사람들이 많아질 겁니다. 이에 따라 카드 결제를 위한 미니프린터가 더 많이 필요했습니다.

이런 프린터를 판매하는 회사가 바로 '빅솔론'입니다. 사람들

이 배달을 많이 시키면 시킬수록 배달업체들이 많아질 테니 카드 결제를 위한 미니프린터에 대한 수요가 더욱 늘어날 것이라 생각했습니다. 이에 따라 해당 기업의 주가는 상승할 가능성이 크겠죠. 기업의 주가는 궁극적으로 실적에 수렴한다고 봐야 하니 말이죠. 실적이 상승하면 주가도 함께 올라갑니다. 시차가 존재할 뿐이죠.

해당 기업을 제가 2010년에 매수해서 16.42%의 수익을 내고 팔았습니다. 6000원 정도에 매도했습니다. 2010년대에 비해 더 많은 배달업체와 자영업자가 생겨 미니프린터는 더욱 많이 팔렸을까요. 한번 확인해보도록 하겠습니다. 아쉽게도 빅솔론은 현재 6000원 이하에서 주가가 형성되어 있습니다. 무려 10년이나 지났는데 계속 갖고 있었으면 억울할 뻔했죠. 도대체 그동안 무슨 일이 있었던 것일까요?

사실 2011년과 2017년에 무상증자를 했습니다. 그러다 보니 주가가 희석된 측면도 있지만 여전히 10년 전 가격을 회복하지 못하고 있다는 사실은 변함이 없습니다. 생각해보면 그럴 만합니다. 이전보다 자영업자 숫자가 많이 줄었습니다. 한국에서 자영업자는 지속적으로 줄어들고 있으니 말이죠. 영수증을 출력하는 미니프린터도 그만큼 매출이 덜 발생하지 않았을까 싶네요. 확인할 수 있는 제일 확실한 것은 바로 해당 기업의 사업보고서를 보는 것입니다.

많은 사람들이 해당 기업의 실적도 확인하지 않고 투자하는 경우가 대부분입니다. 사업보고서를 보는 것은 그중에서도 가장 기본이라 할 수 있습니다. 우리는 회계사가 아니어서 제대로 된 재무제표를 분석할 수는 없습니다. 하지만 사업보고서를 보는 이유는 내가 투자하려는 회사가 무엇으로 돈을 벌고 제품 구성은 어떻게 되는지와 어떤 전망을 갖고 있는지 등을 알기 위해서입니다. 사업보고서는 해당 기업이 자신에 대해 사람들에게 알려주는 공식적인 창구입니다.

사업보고서에는 다양한 섹션이 있어 모두 보는 데만도 시간이 오래 걸립니다. 이제 막 투자하는 사람에게 진득하니 앉아 사업보고서를 보라고 권유하지는 않겠습니다. 다만 중요한 부분은 꼭 봐야 합니다. '배당에 관한 사항' '사업의 내용' 등입니다. 그 외 부분은 본다면 더 도움이 되겠지만 굳이 볼 필요는 없고 네이버의 증권 섹션에서 해당 기업을 검색하면 종목 분석 섹션에 기업실적 분석이 있으니 그 부분을 보면 됩니다. 당연히 사업보고서에 있는 대다수 내용을 읽는 걸 권합니다.

사업보고서 중 배당에 관한 사항 등을 보면 빅솔론 같은 경우 꾸준히 배당했다는 걸 알 수 있습니다. 배당은 가장 확실한 현금이라는 표현을 합니다. 배당을 하려면 현금이 있어야 합니다. 주주들에게 배당을 주려면 현금이 필요합니다. 얼마나 회사가 잘 운영되는지 알 수 있는 지표죠. 배당을 꾸준히 주는 기업은 돈도 계속 벌고 있다는 뜻이 되니 말입니다. 버는 돈 대비로 배당을 지급하는 경우가 많으니 기업의 이익이 늘어나면 늘어날수록 배당 금액도 커지겠죠.

2019년 기업보고서를 보면 빅솔론은 주당순이익도 줄어들면서 3년 전에 비해 1주당 배당금이 300원에서 190원까지 줄었습니다. 이것만으로도 빅솔론의 상황이 많이 안 좋아졌다는 예상을 할 수 있습니다. 갈수록 배당금이 늘어나야 하는데 줄었다는 것은 그만큼 이익이 줄었다는 뜻이죠.

사업보고서에서 봐야 하는 또 하나는 사업의 내용입니다. 이를 통해 빅솔론이 무엇을 하는 기업인지 명확히 알 수 있습니다. 빅솔론은 영수증프린터, 라벨프린터, 모바일프린터 등을 제조하는 산업용 프린터 전문 회사입니다. 우리가 흔히 일상생활에서 접하는 프린터가 아니라는 뜻이죠. 아마 빅솔론이라는 기업을 처음 들었을지도 모르겠습니다. 현재 세계 시장에서 일본의 엡손(Epson)이 시장을 주도하는 데 반해 국내 포스프린터 시장의 40% 정도를 빅솔론이 점유하고 있습니다. 프린터 중에서 포스프린터가 49%, 모바일프린터가 23%의 매출 비중을 차지하고 있습니다. 그만큼 포스프린터가 많이 팔려야만 회사 실적이 좋아진다는 걸 알 수 있습니다.

곰곰이 생각하면 자영업자가 줄어든다는 것은 새로운 포스프린터가 덜 팔린다는 이야기나 마찬가지죠. 실제로 포스프린터의 국내 매출 실적은 17기(2017년) 69억 9500만 원에서 19기(2019년)에는 57억 4600만 원으로 줄었습니다. 국내 실적이니 실망할 필요는 없습니다. 아마도 빅솔론은 국내 실적이 줄어든다는 걸 일찌감치 깨닫고 수출로 방향성을 틀지 않았을까 합니다. 국내에 비해 외국은 무궁무진한 시장이 열려 있으니 말이죠.

수출 매출액은 17기에 331억 3600만 원에서 19기에 354억 7900만 원으로 상승하긴 했지만 그다지 만족스럽지는 않습니다. 더구나 18기에는 315억 1500만 원으로 17기보다 줄었다 늘었던 겁니다. 빅솔론의 전체적인 매출 실적을 보더라도 17기에 894억 4500만 원에서 19기에 848억 4400만 원으로 줄었습니다. 이렇게 빅솔론의 매출이 지지부진하니 주가도 2010년대 중반에 8964원으로 최고까지 상승했지만 그 이후로는 조금씩 하락하고 있습니다.

모든 기업이 다 그렇지만 실적이 가장 중요한데 현재 딱히 개선의 돌파구는 느껴지지 않습니다. 이 부분은 내부인사들이야 알 수 있겠지만 외부인이 알기는 힘들겠죠. 여기에 어떤 미래에 대한 긍정적인 전망이 대두된다면 주가는 움직일 수도 있습니다. 주가는 뜻하지 않게 향후 전망에 더 민감하게 반응하는 경우가 많습니다. 당장의 실적은 그다지 볼 게 없음에도 어떤 일이 벌어질 가능성이 있다는 것만으로도 주가가 상승하는 경우가 많으니 말이죠.

빅솔론은 이후에도 가끔 들여다보고 있지만 실적이 개선되지 않는 한 힘들 듯합니다. 무엇보다 매출이 해마다 줄어들 뿐만 아니라 영업이익과 당기순이익은 더 급격히 줄어들고 있는 추세라서 말이죠. 그럼에도 빅솔론의 매출과 이익이 다시 상승하게 된다면 주가는 올라갈 가능성이 무척 높습니다. 좋게 본다면 지금이 빅솔론의 바닥이라 볼 수도 있습니다.

검색만으로도 알 수 있는
매출액, 영업이익, 당기순이익 ____

사업보고서를 보는 것이 중요하다고 했습니다. 보고서에 재무제표가 있는데 주식투자를 하면서 절대 놓치지 말고 챙겨봐야 할 부분입니다. 문제는 재무제표를 본다는 게 정말로 만만치 않은 일이라는 것이죠. 수없이 많은 숫자에 질리고 무슨 말인지도 모르는 용어에 또다시 기가 눌립니다. 하지만 수익을 낸다는 것은 그렇게 쉬운 일이 아닙니다.

재무제표를 본다는 것은 회계를 배워야 한다는 뜻인데 회계는 기업의 언어라고 할 수 있죠. 우리가 세부적인 것까지 자세히 알기는 힘들겠지만 간략하게라도 알아야 할 것들이 있습니다. 저 같은 경우에 해당 기업의 매출액과 영업이익, 당기순이익을 봅니다. 이것들은 굳이 사업보고서를 보지 않더라도 네이버 증권 섹션에서 해당 기업을 검색만 해도 누구나 쉽게 볼 수 있습니다. 이게 어떤 의미인지 사례를 들어 이야기해보겠습니다.

팬더김밥을 오픈했습니다. 열의를 갖고 열심히 한 덕분에 꽤 괜찮은 매출을 올렸습니다. 점심시간이면 매장에 빈자리가 없을 정도고 오후에도 꾸준히 고객이 있습니다. 김밥집답게 주로 김밥을 주문하는 사람들이 많아 수시로 만들어놓고 있어야 할 정도로 바쁘게 돌아가고 있습니다. 덕분에 매일매일 신나게 일하고 있습니다. 하루 매출은 200만 원 정도입니다. 매일같이 쉬지 않고 일하고 있으니 한 달에 6000만 원의 매출을 올리고 있습니다.

바로 이 매출이 우리가 재무제표에서 보는 매출액이라고 보면 됩니다. 팬더김밥 한 달 매출액이 6000만 원이지만 이 돈이 전부 제 돈은 아닙니다. 각종 비용이 많이 발생합니다. 무엇보다 직원들 월급을 줘야 합니다. 매월 팬더김밥의 임차료도 줘야 하고, 김밥을 만들기 위한 각종 식자재를 구입해야 합니다. 우리가 이전에 봤던 포스 관련 비용도 나가죠. 최근에는 대부분 현금보다는 카드로 지불하는 경우가 많으니 이에 따른 수수료도 나가야 합니다.

이렇게 각종 비용을 전부 매출에서 제외해야겠죠. 6000만 원 전부 내 돈이 된다면 참 좋겠지만 말이죠. 이것저것 다 제외하고 남은 돈이 최종적으로 1500만 원입니다. 바로 이게 실질적으로 내가 쓸 수 있는 순수한 이익이죠. 재무제표에서는 영업이익이라고 보면 됩니다. 회사가 영업을 한 후에 실제로 남은 돈이죠. 그런 면에서 영업이익은 무척이나 중요합니다. 얼마나 남았느냐가 내가 돈 번다는 보람을 느끼게 만들어주는 핵심입니다.

돈이 남았다고 이걸 전적으로 갖고 있지는 않습니다. 미래를 위해 적금도 할 수 있고, 혹시나 모를 위험에 대비한 비상금도 챙겨놔야겠죠. 펀드 등에 투자해서 수익을 내기도 할 테고 말이죠. 이런 식으로 영업이익으로 생긴 돈을 가만히 갖고 있지 않습니다. 어느 누구도 번 돈을 얌전히 고이 모셔두지 않습니다. 그 돈으로 또다시 수익을 내려고 노력하죠.

그렇게 굴리고 불리기도 하고 어딘가에 투자도 하게 됩니다. 그 돈이 시간이 지나면서 매출을 제외하고 남은 돈인 영업이익은 물론이고 여기저기 투입한 돈들이 다시 돌아오겠죠. 돌아왔을 때 수익이 날 수도 있고, 손해가 되었을 수도 있습니다. 그나마 다행히도 손실보다는 수익이 나면 돈이 차곡차곡 모이게 됩니다. 이런 돈까지 전부 합산해서 남은 돈을 당기순이익이라고 보면 됩니다.

자연스럽게 영업이익과 당기순이익은 일치하지 않습니다. 영업이익보다 당기순이익이 많을 수도 있고 적을 수도 있습니다. 어떤 해에는 뜻하지 않게 당기순이익이 영업이익에 비해 몇 배로 늘어날 때도 있는데 이건 일회성 이익입니다. 반대로 영업이익은 큰 수익을 냈는데도 당기순이익이 손해 날 수도 있는데 이것도 일회성 손실이라고 보면 됩니다. 이에 따라 오히려 기회와 위기를 포착할 수 있습니다. 사람들의 착각과 오해로 주가가 상승하거나 하락할 수 있거든요.

팬더김밥이 워낙 잘되니 호시탐탐 주변에서 몫이 좋다고 생각했는지 자리를 노립니다. 결국에는 바로 맞은편에 팬시김밥이 생겼습니다. 팬더김밥 입장에서는 위기가 아닐 수 없습니다. 김밥이라는 것 자체가 그다지 변별성을 보여줄 것은 없으니 말이죠. 더구나 오픈빨이라고 하여 분명히 팬더김밥의 고객 중 단골이 아니라면 팬시김밥으로 한동안 길 가능성이 너무 크죠.

고객을 빼앗기지 않기 위해 특단의 조치를 취할 수밖에 없습니다. 김밥 한 줄 가격을 2000원에서 1500원으로 낮췄습니다. 출혈경쟁을 하더라도 고객을 빼앗기는 것보다 나으니 말이죠. 그 덕분인지 팬시김밥에 빼앗길 줄 알았던 고객은 여전히 팬더김밥으로 오고 있습니다. 오히려 매출이 더 늘어나기까지 했습니다. 하루에 김밥 500줄 팔아 100만 원의 매출을 올렸습니다. 이번에 1500원으로 낮췄더니 김밥이 더 많이 나가 하루에 700줄이나 팔렸습니다.

그 덕분에 하루 김밥 매출은 105만 원으로 늘었습니다. 하지만 매출이 늘었어도 이익은 오히려 줄었겠죠. 한 줄에 500원씩 이익이 줄어든 것이나 마찬가지죠. 이러다 보니 매출은 늘어나도 영업이익은 줄어들 수 있다는 걸 알아야 합니다. 재무제표를 볼 때도 이런 점을 유념해야 합니다. 매출이 늘었는데도 영업이익이 오히려 줄어들었다면 좀 더 저렴하게 판매한 결과로 볼 수 있습니다.

그렇다 하더라도 역시나 매출이 중요합니다. 매출이 꾸준히 늘어나는 것이 제일 좋습니다. 매출이 늘어난다면 그에 따라 돈이 들어오고 현금흐름이 생기면서 유동성이 생기니 말입니다. 가장 이상적인 것은 해마다 매출이 늘어나는 것이지만 매출이 답보상태가 되거나 조금 줄더라도 너무 실망할 필요는 없습니다. 성장하는 기업도 어느 순간에는 다음 단계를 모색하며 지체될 수 있습니다.

예를 들어 처음 막 공부하는 학생은 점수가 크게 향상됩니다. 시험을 치면 10점 맞던 친구가 공부하자마자 40~50점을 받을 수 있죠. 공부를 열심히 할수록 점수가 상승하는 게 눈에 보일 정도로 가파릅니다. 하지만 80점이 넘어가면 이때부터는 점수가 상승하는 폭이 적어집니다. 90점이 넘어가면 1점 올리는 것도 만만치 않죠. 그런 순간이 기업에도 올 때가 있습니다. 이를 어떻게 풀어낼지가 관건입니다. 잘 풀어내면 기업 실적이 한 단계 상승하며 주가도 더 큰 폭으로 올라가겠죠.

아주 작은 팬더김밥을 차려도 생각할 것이 많고 고려해야 할 점도 많습니다. 그러니 상장되어 있는 기업은 얼마나 더 복잡하겠습니까. 쉽게 볼 수 있는 게 아니죠. 더구나 특정 분야에 따른 특성을 봐야 할 점도 있고요. 그걸 저희가 다 알기는 쉽지 않습니다. 또 재무제표를 제대로 안다고 해서 투자 성적이 좋은 것도 아니죠. 그럼에도 최소한 매출액, 영업이익, 당기순이익이 어떤 식으로 형성되는지 정도는 눈여겨봐야 하지 않을까요.

그 정도의 관심과 조사도 하지 않고 투자한다는 것은 한마디로 투기를 열심히 하고 있다고 볼 수 있습니다. 투기든 투자든 돈만 벌면 될 수도 있겠지만 투자를 오래 하려면 될 수 있는 한 재무제표에서 제가 말씀드린 부분이라도 보실 필요가 있습니다. 재무제표를 아주 잘 이해하고 있는 회계사가 꼭 주식투자를 잘하거나 수익을 내는 것은 물론 아니지만 우리가 투자를 하려면 이 정도의 중요 부분을 알아두는 것은 최소한의 교양이지 않을까요.

이제는 한국에서만 소비되는 콘텐츠가 아니다

저는 어릴 때부터 텔레비전 보는 걸 무척이나 좋아했습니다. 제가 어릴 때는 집집마다 텔레비전이 없었습니다. 텔레비전을 보려면 텔레비전이 있는 집에 모여서 시청했습니다. 어릴 때라 기억이 나지 않지만 옆집 누나가 저에게 "그만 보고 너네 집으로 가!"라고 했을 정도였답니다. 어린 마음에 무척 속상했을 텐데도 울면서 끝까지 자리를 뜨지 않았다고 합니다.

성인이 된 지금도 여전합니다. 집에 도착하자마자 제일 먼저 하는 것은 텔레비전을 켜는 겁니다. 드라마를 제일 많이 보지만 예능 프로그램은 물론이고 다큐에서 뉴스까지 상당히 골고루 보는 편입니다. 솔직히 이야기하면 거의 잠들기 전까지 켜 있습니다. 제가 왔다 갔다 하면서 봅니다. 그만큼 텔레비전은 저에게 떼려야 뗄 수 없는 존재입니다.

지금과 달리 과거에는 공중파라고 불리는 방송만 있었습니다. 방송도 하루 종일 하는 게 아니고 오전 방송과 저녁 방송으로 나뉘어 있었습니다. 오후에는 전혀 방송이 되지 않았고 대략 자정이면 방송이 끝났습니다. 당시에 애국가를 자주 들을 정도로 방송사마다 정해진 시간 내에만 시청할 수 있었습니다. 그런 이유 때문인지 어지간한 드라마의 시청률은 20~30%는 기본이고 50%까지 가는 드라마도 꽤 많이 나왔죠.

어느 날 배우 이정재가 텔레비전에 나와 선전하는 걸 봤습니다. 〈모래시계〉로 인기가 절정일 때였습니다. 광고에서 하는 말이 방송의 새로운 시대가 열렸다는 겁니다. 케이블이라는 것이 생겨 종일 텔레비전을 시청할 수 있다는 겁니다. 저 같은 사람에게는 천국이 열린 거나 마찬가지였죠. 광고를 보자마자 마음을 빼앗기고 말았습니다. 반드시 케이블이라는 걸 집에 설치해야겠다는 굳은 결심을 했습니다. 제가 할 수 있는 건 부모님께 요청하는 거였죠.

어렵게 조르고 졸라 집에 드디어 컨버터라는 걸 설치해서 텔레비전을 통해 케이블 채널을 볼 수 있었습니다. 정말 신기했죠. 공중파만 시청하다 완전 다른 세계였습니다. 공중파는 종합방송이라 여러 분야를 한 채널에서 시청할 수 있었습니다. 케이블 채널은 각자 자신만의 분야가 있어 종일 같은 종류의 프로그램을 시청할 수 있었습니다.

와이티엔(YTN)에서는 24시간 뉴스를 했습니다. 당시 걸프전이 터졌는데 시엔엔(CNN)에서 하루 종일 뉴스를 진행했고 한국에서도 이런 뉴스 채널을 볼 수 있다는 게 신기하기만 했었죠. 거의 실시간으로 현재 벌어지는 일을 시차 없이 뉴스로 볼 수 있는 채널이 한국에도 생긴 거였습니다. 더구나 영화를 좋아하던 제 입장에서는 하루 종일 영화만 하는 채널도 있으니 이보다 더 좋을 수는 없었습니다.

뮤직비디오가 전 세계적으로 열풍을 일으키던 시기라 엠티비(MTV) 채널을 정말 신기해하며 시청했습니다. 마이클잭슨이 나오면 넋을 잃고 TV에 빠져들며 좋아했습니다. 그 외에도 생전 처음 보는 각종 채널이 있어 너무 신났습니다. 공중파 방송을 보려면 원하는 프로그램을 보고 싶을 때 볼 수 있는 것도 아니고 재미없는 거 할 때도 채널 선택권이 거의 없었죠. 케이블은 워낙 많은 채널이 있어 그때마다 다른 채널로 옮겨가며 시청할 수 있으니 정신없이 리모컨을 눌렀습니다.

그러나 이런 즐거움은 얼마 가지 못했습니다. 막상 볼 수 있는 채널이 얼마 되지 않았습니다. 거의 대부분 공중파에서 했던 프로그램의 재방송이었습니다. 채널은 많지만 볼 수 있는 프로그램이 적다 보니 저도 모르게 리모컨은 케이블 채널이 아닌 공중파 채널에서만 맴돌고 있더군요. 어쩌다 케이블에서 볼 만한 게 있을 때만 채널에 머물 뿐 그 외는 공중파에서 하는 프로그램을 봤습니다. 그럼에도 케이블은 저와 오랜 시간 함께했습니다.

상황이 이렇게 흐르다 보니 처음에 삼성 같은 대기업이 영화채널 캐치온을 소유하고 있었지만 철수했습니다. 분명 문화산업이 큰돈이 될 가능성은 높지만 한국에서는 기회가 오려면 아직 멀었다고 해야겠죠. 꽤 긴 시간 동안 케이블 채널은 변함없었지만 소유한 기업들의 이합집산이 이뤄졌고 어지간한 케이블 채널의 시청률은 1%도 안 되는 경우가 허다했죠. 공중파 방송국 입장에서 케이블은 신경도 쓸 필요가 없었습니다. 저처럼 TV를 끼고 사는 사람도 잘 안 보니 말 다했죠.

뜨문뜨문 케이블 채널에서 보던 프로가 있긴 했습니다. 동아 TV에서 방영한 〈프랜즈〉 같은 경우 빠지지 않고 전부 봤는데 한국이 아닌 미국 시트콤이었죠. 그나마 볼 수 있는 프로그램은 한국에서 만든 것이 아닌 외국에서 만든 프로그램이었습니다. 그런 상황에서 어느 순간 저도 모르게 재미있게 보던 프로그램이 하나둘씩 생겼습니다. 그것은 오디션 프로그램이었죠.

음악 프로그램을 주로 하던 엠넷(Mnet)이었습니다. 주로 뮤직비디오를 보여주거나 가수들이 나오는 콘서트 식의 프로그램이 대다수였죠. 제가 무척 재미있게 봤던 프로그램은 〈슈퍼스타 K〉 시즌2였습니다. 결승전까지 가는 여정에서 허각과 존박이 양대산맥이 되어 사람들을 열광적으로 응원하도록 만들었죠. 남자들은 주로 허각을 응원했고 여자들은 대부분 존박을 응원했습니다. 오디션 프로그램은 녹화방송으로 진행하다 준결승부터 생방송으로 진행해 실시간 문자 콜을 투표에 포함해 산정했습니다.

보통 문자투표는 주로 10대 후반에서 20대 초반까지 많이 합니다. 그중에서도 여성이 많죠. 40대 중반의 남자가 한다면 해당 프로그램의 인기가 어느 정도인지 예상할 수 있겠죠. 제 주변 형들이 40대였는데 다들 투표를 했다고 하니 말 다했죠. 블루칼라였던 허각과 미국 유명 대학 출신이었던 존박의 대결이라 그랬던 듯합니다.

이처럼 엄청난 화제를 일으키며 순간 최고 시청률은 21%였고 결승전 시청률도 무려 18%였습니다. 한때 1% 시청률도 힘들었고 3~5% 정도 시청률만 나와도 대박이라고 했는데, 얼마나 엄청난 시청률인지 느낌이 오시나요. 공중파의 50%에 해당하는 시청률이었습니다. 문자투표도 100만 콜이 넘을 정도로 전 국민의 관심사였습니다. 저도 아주 우연히 채널을 돌리다 본 후에 너무 재미있어 계속 시청했던 프로그램입니다.

그 이후에도 엠넷은 오디션 프로그램을 여러 번 성공시킵니다. 〈쇼미 더 머니〉는 힙합을 완전히 메인 스트림에 진입시켰고, 〈프로듀서 101〉은 오디션 프로그램에서 그룹을 뽑는 모델을 만들어냈습니다. 그렇게 뽑힌 오디션 참가자들은 거의 그 즉시 아이돌이 되어 활발히 활동하게 되었습니다. 이미 〈슈퍼스타 K〉로 공중파마저도 따라할 정도의 영향력을 갖게 된 음악 방송국이 되었습니다. 지금은 슈퍼스타가 된 빅뱅, 트와이스 등도 해당 기획사의 자체 오디션 프로그램을 엠넷이 함께 론칭한 겁니다.

이 밖에도 무척이나 재미있게 봤던 드라마가 있습니다. 지금은 '응답하라' 시리즈로 불리고 있죠. 〈응답하라 1994〉가 엄청난 인기를 끌었습니다. 수많은 사람들이 도대체 덕선이가 누구와 연결되느냐며 관심을 가졌죠. 실제로 현재의 레트로 열풍을 불러일으킨 드라마라고 할 수 있습니다. 철저한 고증으로 1994년도를 재현했습니다. 이 시리즈의 첫 작품이었던 〈응답하라 1997〉도 사람들에게 꽤 많이 회자되었죠. 끝으로 〈응답하라 1988〉은 공전의 히트작으로 시청률에서 타의 추종을 불허했죠.

금토드라마로 동시간대에 공중파 방송이 오히려 경쟁을 피할 정도였던 드라마도 있었죠. 바로 〈도깨비〉입니다. 첫회부터 예사롭지 않았던 뜨거운 반응은 종영 후에도 식을 줄 몰랐고 해외에서도 인기가 폭발할 정도였습니다. 또 나영석 사단이 만든 다양한 예능 프로그램도 있습니다. 〈꽃보다 할배〉는 물론이고 〈신서유기〉를 비롯해서 수많은 프로그램이 케이블에서 방영되는데도 공중파보다 시청률이 좋아 동시간대 시청률 1위를 했습니다. 금요일 저녁 시간대는 거의 나영석 PD의 타임이라고 해도 될 정도였죠.

이처럼 어느 순간부터 제가 공중파가 아닌 케이블 채널에서 왔다 갔다 하는 거였습니다. 뭔가 변화가 온 거죠. 방송의 권력이 서서히 공중파에서 케이블로, 보여주는 프로그램으로 사람들의 관심이 이동한 것처럼 움직였습니다. 앞에서 이야기한 드라마와 예능 프로그램들도 대다수가 티비엔(tvN)에서 방영된 것들입니다. 이 케이블 채널을 주로 많이 보게 되었는데 특징이 있었습니다.

그것은 바로 두 채널 모두 씨제이이엔엠(CJ ENM) 소유라는 것이었습니다. 이 사실을 알고 더 관심을 갖게 되었습니다. 제가 주로 보는 프로그램을 만드는 기업이 씨제이라니 말이죠. 2012년에 매수해서 15.5%의 수익을 내고 매도했습니다. 좋은 기업은 쉽게 매도하는 것이 아닌데, 지금까지 갖고 있었다면 훨씬 더 높은 수익을 냈을 텐데 말이죠. 제가 3만 원대에서 사고팔았는데 현재는 10만 원이 훌쩍 넘어갑니다.

언제나 해당 기업이 궁금하면 제일 먼저 봐야 하는 것은 역시나 사업보고서입니다. 무엇보다 사업보고서는 공식적인 기록이자 정보입니다. 잘못된 정보를 전달하면 법적인 문제까지 생깁니다. 특히나 우리가 이런 회사라는 걸 세상에 알리는 정보죠. 사업보고서보다 해당 기업에 대해 더 자세히 알 수 있는 방법은 없다고 봐야 합니다. 자신이 자신에 대해 설명하는 것보다 더 잘 설명할 방법은 없습니다.

사업보고서를 보면 씨제이이엔엠은 크게 4개 부문으로 구성되어 있습니다. 미디어, 커머스, 영화, 음악이 있고, 종속 기업으로 스튜디오드래곤이 있습니다. 단순히 케이블 채널로 생각했는데 여러 분야의 사업을 하고 있다는 걸 확인할 수 있습니다. 연관성이 없다고 볼 수 없는 것들이죠. 좋은 방송을 하기 위해서는 콘텐츠가 제일 중요할 테니 말이죠. 그런 의미로 영화나 음악은 이해가 됩니다만 커머스라는 분야가 있습니다.

이건 TV홈쇼핑 채널을 뜻하는 걸로 CJ홈쇼핑입니다. 둘 다 씨제이 계열사입니다. 홈쇼핑은 생각보다 돈이 많이 들어가는 사업이 아닙니다. 24시간 다양한 제품을 판매합니다만 자체 생산하는 건 없습니다. 플랫폼이라 할 수 있죠. 실제 제품을 만든 회사에서 홈쇼핑에 콘택트하면 서로 마케팅 방법을 의논한 후에 방송에서 송출하게 됩니다. 시설비 등이 그렇게 많이 필요하지 않습니다.

반면 씨제이이엔엠은 돈이 아주 많이 필요합니다. 방송은 콘텐츠가 생명인데 좋은 콘텐츠를 만들려면 돈이 많이 듭니다. 드라마와 영화를 비롯해서 음악 관련 사업도 과거와 달리 퀄리티 높은 작품을 만들어내기 위해서는 투입되는 자본이 만만치 않습니다. 이렇게 돈이 많이 필요한데 좀 더 확실히 조달하기 위해 CJ홈쇼핑과 합쳤습니다. 홈쇼핑에서 버는 돈으로 좋은 콘텐츠 만드는 데 쓸 수 있으니 말입니다.

합치지 않았다면 기업 간에 돈 거래가 이뤄지는 건데, CJ홈쇼핑에서 씨제이이엔엠에게 현금을 주려면 개념상 빌려주는 것이죠. 이 돈을 갖고 잘 쓰는 건 좋은데 결국에는 돌려줘야 하는 돈입니다. 돈을 돌려줄 때는 대출받은 것이니 이자까지 합쳐 갚아야 합니다. CJ홈쇼핑 입장에선 좋을 수 있어도 이렇게 되면 CJ지주회사 입장에서는 효율적이지 못하죠. 그런 이유로 두 회사를 합친 겁니다.

〈방송사업자 매출추이〉

구분	2014년	2015년	2016년	2017년	2018년
지상파방송	40,049	41,007	39,987	36,837	37,965
방송채널사용사업자	28,339	29,719	29,598	31,059	28,888
유선방송	23,462	22,590	21,692	21,307	20,898
위성방송 (위성DMB포함)	5,532	5,496	5,656	5,754	5,551
IPTV	14,872	19,088	24,227	29,151	34,358

(자료) 방송통신위원회, 2018년도 방송사업자 재산상황 공표(2019.06.29)

미디어 사업만 놓고 볼 때 확실히 지상파 방송의 초라한 성적을 볼 수 있습니다. 매출이 2014년 비해 2018년에 오히려 줄었습니다. 대부분 방송 사업자 매출은 답보 상태거나 줄었습니다. 거의 유일하게 IPTV만 늘어났다는 걸 볼 수 있습니다. 실제로 2019년에 어떤 어린이 대상 유튜브의 1년 이익이 공중파 방송국의 1년 이익보다 많았다는 이야기가 화제가 될 정도로 급격히 추락했습니다.

2020년 기준으로 광고비를 보더라도 마찬가지입니다. 전통 방송 매체였던 TV, 라디오, 신문, 잡지의 광고비 비중은 23.1%밖에 안 됩니다. 케이블TV, IPTV와 같은 뉴미디어의 광고비 비중은 64.3%나 됩니다. 그중에서도 모바일 비중이 38.8%로 제일 높습니다. 결국 얼마나 좋은 콘텐츠를 제작하느냐가 핵심입니다. 어떤 매체로 사람들이 보든 핵심은 콘텐츠입니다. 매체에서는 또다시 콘텐츠를 구입해야 하거나 광고비를 서로 나눠 가져야 할 테니 말입니다.

시청률을 보더라도 이런 사실은 확인할 수 있습니다. 2019년 11월 AGB닐슨, National, All platform, All 가구 점유율을 기준으로 하면 다음과 같습니다. 공중파와 해당 방송사가 송출하는 케이블 채널까지 합쳤을 때 MBC 계열은 8.8%, SBS 계열은 6.6%, KBS 계열은 6.6%입니다. 이에 반해 씨제이이엔엠은 20.9%나 됩니다. 공중파 방송사 계열을 다 합치면 22%니 확실히 대세는 이제 씨제이이엔엠이라 할 수 있습니다. 이런 추세는 앞으로도 특별한 일이 없다면 변하지 않을 듯합니다.

미디어 사업에 소속된 주요 채널은 다음과 같습니다. Mnet, tvN, XtvN, OCN, OCN Movies, OCN Thrills, Olive, Tooniverse, Catch on1, Catch on2, OnStyle, DIA, OGN. 아마도 여러분이 즐겨 보는 어지간한 채널이 대부분 속해 있을 겁니다. 심지어 아이들이 자주 보는 투니버스도 속해 있네요. '볼 만한 프로 없나?' 하고 채널을 돌리다 우연히 멈추면 거의 씨제이이엔엠 계열에서 만든 콘텐츠를 보고 있다는 걸 저절로 깨닫게 되실 겁니다.

커머스 사업인 TV홈쇼핑 시장은 매년 2~5%대의 성장을 하고 있습니다. 2018년 기준으로 씨제이이엔엠이 시장점유율 22.62%로 1등 홈쇼핑입니다. 다음으로 지에스(GS)홈쇼핑이 20.93%, 현대홈쇼핑이 18.98%입니다. 2019년에도 씨제이이엔엠은 시장점유율 1위 홈쇼핑이었습니다. 그만큼 꾸준히 제일 잘하고 있는 쇼핑 채널이니 특별한 일이 없다면 향후에도 그 지위를 잃어버리지는 않을 겁니다.

영화 사업은 꾸준히 성장하고 있습니다. 2019년 기준으로 배

급사별 관객 점유율은 월트디즈니가 27.3%로 1위, 씨제이이엔엠이 24.1%로 2위, 롯데 컬처웍스가 7.9%로 3위입니다. 마블을 통한 디즈니의 위세가 대단하지만 점유율에서 씨제이이엔엠과 그리 큰 차이가 나는 건 아닙니다. 더구나 한국 영화로만 놓고 본다면 씨제이이엔엠이 46.7%의 점유율을 갖고 있습니다. 한마디로 한국 영화 2편 중 1편은 씨제이이엔엠에서 제작한 영화를 봤다는 뜻이죠.

음악 사업은 여러 레이블을 거느리고 있습니다. 그 레이블에 팔로알토, 박재범, 사이먼 도미닉과 같은 힙합 뮤지션과 VIXX, 구구단 같은 아이돌은 물론이고 다이나믹 듀오, 크러쉬 등이 소속 가수입니다. 이 외에 〈프로듀스 101 JAPAN〉을 일본에 론칭해 성공적으로 마무리했습니다. 또 뮤지션에게 가장 중요한 콘서트를 1년에 300회 이상 국내외에서 진행하고 있습니다. 음악 사업은 현재 한류의 가장 최전선이니 갈수록 더욱 중요도가 올라갈 가능성이 높겠죠.

이렇게 총 4개 분야로 구성되어 있는데 이중에서 미디어 사업이 약 44%, 커미스 사업이 약 41%를 차지하고 있습니다. 확실히 두 분야가 씨제이이엔엠에서 핵심 사업이라는 걸 알 수 있습니다. 대부분 매출이 방송 판매에 따른 결과입니다. 그 외 뮤지컬 사업도

하고 있습니다. 씨제이이엔엠에서 분사해 상장한 스튜디오드래곤은 드라마만 전문적으로 제작하는데 지분이 2019년 12월 31일 기준으로 66.18%로 최대 주주입니다.

지금까지 보신 것처럼 한국에서 대중문화와 관련되어 즐기고 싶다면 씨제이이엔엠에서 벗어날 방법이 없습니다. 92회 미국 아카데미에서 〈기생충〉이 작품상을 받았습니다. 이때 씨제이이엔엠 이미경 부회장이 대표로 마지막 인사를 했습니다. 워낙 오래도록 한국 대중문화 산업에 투자했던 회사입니다. 개인적 바람이 있다면 씨제이이엔엠이 한국의 디즈니가 되기를 바랍니다. 아직까지 그 정도의 막강한 영향력은 없습니다만 이런 추세라면 최소한 한국에서만큼은 절대적 지위를 가질 수 있을 듯합니다.

이미 다들 알고 계시는 것처럼 한류 덕분에 한국에서의 최고가 전 세계에서 주목받고 있으며 그 파급력이 대단합니다. 단순히 한국에서만 소비되는 콘텐츠가 아닙니다. 작품이 출시되자마자 전 세계적으로 거의 동시에 인기를 끌고 있습니다. 각종 음원 차트에서는 이미 이런 일이 벌어지고 있죠. 그런데 문제도 있습니다. 중국에서 한국 예능 프로그램의 포맷을 그대로 베끼는 경우 때문에 걱정이 많습니다.

최근 넷플릭스에 한국 드라마가 많이 론칭되어 있습니다. 씨제이이엔엠은 3년 동안 콘텐츠를 공급하기로 했고요. 한국의 드라마는 전 세계에서 톱10에 들어갈 정도로 큰 인기를 끌고 있습니다. 한두 작품이 들어가는 것이 아닙니다. 톱10에 5편이 한국 드라마일 정도입니다. 이런 현상은 일본뿐만 아니라 아시아 지역에서 유독 더 높습니다. 콘텐츠의 중요성을 다시 알 수 있게 하는 현상입니다.

이런 점만 보더라도 한국에서 인기 있는 작품은 보편타당한 정서를 갖고 전 세계적으로 인기 끌 요소가 가득하다고 할 수 있죠. 이란에서 〈주몽〉의 시청률은 85%, 〈대장금〉은 무려 90%나 되었다고 합니다. 드라마와 음악뿐만 아니라 예능 프로그램인 〈무한도전〉팀이 촬영 차 미국 할리우드에 갔을 때 지나가는 미국인이 유재석을 알아볼 정도로 한국의 콘텐츠는 전 세계적으로 소비되고 있습니다.

이런 한류의 트렌드를 가장 앞에서 이끌며 투자하고 있는 기업이 바로 씨제이이엔엠입니다. 미국의 월트디즈니도 처음부터 지금의 지위를 갖지는 못했습니다. 실제로 주가도 약 30만 원까지 갔지만 2021년 1월에 약 16만 원선입니다. 월트디즈니의 시가총액이 약 350.8조이고, 씨제이이엔엠이 3.6조이니 갈 길이 아주 멀긴 합니다. 수익을 내고 있지만 더 많은 투자를 해야 하는 기업이고 요. 저는 한국에서 최고의 먹거리가 될 분야 중 하나가 바로 문화 사업이라고 보는데, 과연 한국에서 씨제이이엔엠을 뛰어넘을 기 업이 몇이나 될까요.

관심 있는 분야라면
먼저 공부하고 투자하자 _____

중저가 화장품이 한참 열풍을 일으키던 시기가 있었습니다. 저는 남자라 화장품에 대한 관심이 없었습니다. 로션도 거의 바르지 않았는데, 최근 들어 나이 탓인지 얼굴이 땅겨 로션을 좀 바르긴 합니다. 그만큼 화장품은 저와 연관성이 없었습니다.

저는 예전부터 여러 투자 카페에 들어가 이런저런 글을 읽어봅니다. 다양한 사람들의 투자 이야기가 궁금하고 간혹 아이디어를 얻기도 합니다. 그러다 어떤 분이 올린 글이 꽤 재미있었습니다. 중저가 화장품에 투자해서 꽤 큰 수익을 봤다는 겁니다. 이분도 남자라 화장품에 대해 자세히 알지는 못했습니다. 그래서 좀 무식하긴 하지만 확실한 방법을 선택했습니다. 자신이 화장품을 잘 모르는데 중저가 화장품이 괜찮다는 생각이 들어 투자를 해야 하니 명동으로 갔습니다. 명동에 있는 중저가 화장품 매장에서 일주일 동안 지켜봤다고 합니다. 얼마나 많은 사람들이 해당 매장에서 화장품을 구입하는지 직접 확인한 것입니다.

평일 오전, 오후, 저녁 시간대별로 몇 명이나 매장에서 직접 구입하는지 숫자를 셌다고 합니다. 주말에도 역시 나가서 확인했다고 합니다. 그런데 생각보다 엄청 많은 사람들이 해당 화장품을 구입하는 걸 보니 확신을 갖고 주식을 매수했다고 합니다. 물론 큰 수익을 내고 매도했고요.

이 글을 읽고 워런 버핏이 예전에 투자할 때 어느 회사 공장 앞에서 트럭이 얼마나 드나드는지 파악하면서 투자했다는 실화가 떠올랐습니다. 저도 화장품에 관심을 가져야겠다는 생각이 들더군요. 당시 봤던 다큐 중 한국 화장품에 대한 한류 이야기가 있었습니다. 저는 처음 보는 사람인데 뷰티 유튜버더군요. 어떤 분인지 기억은 나지 않는데 비행기를 타고 중국 공항에 내렸습니다. 한국 아이돌 그룹이 공항에 도착하면 팬들이 열광하는 모습을 본 적 있을 겁니다. 그런 모습이 그 뷰티 유튜버가 도착했을 때 펼쳐졌습니다. 저는 알지도 못하는 사람인데 무척이나 놀랐습니다. 유튜브를 통해 화장법에 대해 알려주는 사람인데도 이처럼 엄청난 인기를 갖고 있다는 점이 놀라웠습니다.

유튜버는 화장품 회사의 초청을 받은 듯했습니다. 그뿐만 아니라 중국에서 활동하는 다른 뷰티 유튜버도 나왔습니다. 이분은 거울을 보며 외치더군요. "이번 달에 1억 올린다!" 더 대단한 것은 한 달에 한 번 정도 한국에 왔습니다. 인천공항에 도착하니 팻말을 들고 있는 사람들이 마중을 나왔습니다. 이들과 담소를 즐기며 간 곳은 화장품 공장이었습니다. 유명한 화장품 회사 상무가 직접 나와 마중하고 공장까지 견학을 시켜가며 접대를 하더군요. 해당 유튜버가 자신의 채널에서 해당 기업의 화장품을 사용하면 판매가 늘어나니 그런 대접을 하더라고요.

지금도 그렇지만 동양 쪽에서는 한국 연예인들의 미모와 피부에 대한 관심이 유독 높습니다. 그중에서도 여자 배우나 가수의 화장에 대해서는 더욱 그렇죠. 어떤 식으로 화장을 하고, 이면 회사의 제품을 쓰는지 관심에 그치지 않고 직접 구매까지 합니다. 제가 몰랐던 영역인데 엄청난 시장이 존재한다는 걸 알게 되었습니다. 제가 관심을 가졌을 때는 중저가 화장품 주가가 너무 올라 매수를 하지 못했습니다.

화장품에 대해 관심을 갖고 알아보다 알게 된 점이 있었습니다. 화장품 회사가 직접 화장품을 만드는 것이 아니었습니다. 내용물을 만드는 회사는 따로 있었습니다. 심지어 화장품 용기를 만드는 회사도 따로 있더군요. 화장품 내용물을 만드는 회사가 따로 있다는 걸 알고 찾아보니 '코스맥스'라는 회사가 눈에 띄었습니다. 화장품 내용물을 만들어 납품하는 회사입니다.

어딘지 납품한다는 표현을 하니 기술이 없는 것처럼 느껴지기도 합니다. 흔히 OEM이라고 하는데 주문받은 걸 만들어 납품하는 것입니다. 반면에 코스맥스와 같은 기업은 ODM을 전문으로 하는 회사로 연구개발을 통한 생산 방식입니다.

의외로 여성분들도 코스맥스에 대해 모르는 경우가 많습니다. 대부분 그저 어느 회사의 화장품을 구입해서 쓴다고 생각하지 그 내용물을 판매하는 회사가 따로 있다는 생각을 해본 적이 없을 테죠. 화장품 용기에 있는 설명서를 보면 내용물을 어디에서 만들었는지 나옵니다. 그런데 생각과 달리 화장품을 판매하는 회사보다는 다른 회사인 코스맥스가 씌어 있을 가능성이 많습니다. 오히려 화장품 회사가 이런 성분으로 구성되어 있는 내용물을 만들 수 있겠냐고 의뢰하는 일이 더 많습니다. 그도 아니면 코스맥스가 어떤 성분을 통해 내용물을 만든 후에 화장품 회사에 팔라고 제안하기도 하죠. 화장품 회사는 마케팅을 통해 판매하는 회사니 말이죠.

코스맥스는 국내뿐 아니라 전 세계에 내용물을 제공하고 있습니다. 세계적인 화장품 회사인 로레알에도 공급하고 있습니다. 그만큼 품질에 대해 검증받았다는 뜻이죠.

제가 알게 되었을 때 코스맥스는 이제 막 중국 공장이 준공되어 돌아가기 시작했습니다. 농담 삼아 중국인에게 양말 한 켤레씩 팔아도 10억 개라고 하죠. 그런 상황에서 중국에 공장이 생겼다는 것은 단순히 생각해도 매출이 늘어날 가능성이 무척 커졌다고 봤습니다. 제가 2010년에 매수해서 20%의 수익을 내고 팔았습니다. 사실 코스맥스는 수익을 내긴 했지만 그렇게 빨리 팔고 싶지는 않았습니다. 그 이유에 대해서는 다시 설명하겠습니다.

코스맥스에서 가장 큰 매출이 발생하는 건 아이라이너와 파운데이션입니다. 아이라이너는 남성들도 쓰긴 하시만 여성들에게 필수품으로 눈의 윤곽을 선명하게 해 크게 보이도록 하는 효과가 있는 화장품입니다. 파운데이션은 얼굴에 화장을 하기 위한 기초제품으로 다른 건 안 발라도 꼭 바르는 필수품입니다. 현재 코스맥스의 매출에서 기초제품이 약 49%, 메이크업인 색조제품이 약 38%를 차지하고 있습니다.

2010년대 초반부터 한국 화장품에 대한 동아시아 여성들의 관심은 더욱 폭발적이었습니다. 한류와 함께 아이돌과 배우들의 예쁜 피부에 대한 호기심을 넘어 그들이 쓰는 화장품을 나도 사용해보자는 욕망이 넘쳐났죠. 그로 인해 한국 화장품 회사의 주가는 엄청나게 상승했습니다. 특히나 2010년대 중반까지 중국에서 한국 화장품에 대한 소비가 늘어나면서 이에 동반한 주가가 상승했습니다. 코스맥스도 2016년 6월에 무려 23만 원대까지 올랐습니다.

문제는 그 다음부터 주가는 하락하기 시작했습니다. 코스맥스의 매출과 순이익이 늘었지만 실적 이상으로 주가가 엄청나게 상승한 게 문제였습니다. 중국 바람이 불며 당시 어지간한 한국 화장품 관련 기업들의 주가는 연일 전 고점을 돌파했습니다. 하지만 장밋빛 전망이 넘치던 때에 사드와 관련해 중국의 보복이 시작되었고 이로 인해 중국 관광객의 한국 방문이 중지된 것은 물론이고 한국 제품에 대한 수입도 공식적은 아니지만 금지되었죠.

이로 인해 한국 화장품 관련 주는 전부 하락했습니다. 실제로 매출과 이익도 그 이후로 줄어들었고요. 현재는 다시 매출과 이익이 회복됐지만 주가는 고점 대비로 볼 때 절반도 안 됩니다. 당시에 얼마나 많은 사람들이 꿈과 희망으로 화장품 관련주를 봤는지 알 수 있는 대목입니다. 어떤 테마를 탔을 때 해당 기업의 주가는 천장 없이 상승합니다. 그나마 코스맥스의 경우 실적이 뒷받침되어 바람이 빠졌어도 여전히 차곡차곡 주가는 회복되고 있습니다.

코스맥스는 실적과 이익이 꾸준히 늘어나고 있습니다. 심지어 배당금도 해마다 올려주고 있고요. 실적이 늘어나고 있으니 언제가 될지 모르지만 또다시 예전 고점까지 갈 날이 오겠죠. 아마도 그때는 고평가가 아닌 실적에 따른 적정주가가 될 듯합니다.

화장품 회사에서
헬스앤뷰티의 세계까지 _____

　코스맥스를 발견했을 때 당시 매출이나 주가가 더 높은 회사가 있었습니다. 화장품 ODM기업 한국콜마였습니다. 그러나 주가도 낮고 중국에 공장이 막 돌아간다는 점 때문에 코스맥스를 선택했습니다. 시간이 좀 지나 한국콜마가 떠올라 다시 확인을 했습니다. 거래가 정지된 상태더군요. 보통 거래정지는 나쁜 일이 벌어진 걸로 생각하기 쉽죠. 저는 한국콜마가 분식회계 같은 걸로 거래가 정지되지는 않았을 것 같아 조사를 했습니다.

　확인해보니 당시에 지주회사 설립이 유행이었습니다. 한국콜마도 한국콜마와 한국콜마홀딩스로 기업분할을 하는 중이라 거래가 정지된 상태였습니다. 지주회사는 여러 회사의 실질적인 지배회사라고 보면 됩니다. 자회사끼리 사업추진이 충돌할 수도 있는데, 이럴 때는 지주회사가 나서서 조율합니다. 지주회사는 대부분 따로 매출이 있는 것은 아니고 자회사의 지분을 소유하고 있으면서 배당받는 걸로 매출이 구성되어 있습니다.

아직까지 한국 화장품에 대한 호감도와 관심은 여전할 뿐 아니라 매출도 지속적으로 늘어나고 있었습니다. 사람 마음이라는 게 한번 떠나보내면 다시 찾는 것도 쉽지 않지만 매수하는 것은 더욱 어렵습니다. 코스맥스는 이미 훨훨 날아갔으니 한국콜마에 주목했습니다. 같은 화장품 ODM기업이니 특별한 차이가 있어 보이진 않았습니다. 이제 와서 코스맥스를 다시 사는 것은 마음만 쓰리니 한국콜마를 사기로 결정했습니다.

한국콜마가 그렇다고 코스맥스에 비해 떨어지는 기업은 결코 아닙니다. 한국콜마는 코스맥스에 비해 화장품은 물론이고 의약도 함께 제조하고 있습니다. 저는 약 10% 정도의 수익을 내고 팔았는데 지나고 보니 후회막심입니다. 제가 예상했던 시나리오대로 화장품 회사들의 실적과 주가가 흘러갔습니다. 당시에는 그렇게 생각을 했으면서도 짧게 보고 투자했던 거죠. 그동안 주식투자를 하면서 이런 일이 몇 번이나 반복되었습니다. 분명히 장기간 보유해야 한다는 걸 알고 있으면서도 말이죠. 이제는 단기간에 사고파는 투자는 거의 하지 않습니다. 제 성격과 안 맞기도 하지만 좋은 회사는 진득하게 보유하는 게 훨씬 더 좋은 투자 결과를 볼 수 있었다는 다수의 경험치 때문입니다. 향후에도 좋아질 것이라고 보고 나중에 다시 매수를 했습니다만 꽤 가격이 오른 후였습니다.

그럼 한국콜마에 대해 본격적으로 알아볼까요. 코스맥스처럼 한국콜마의 화장품 매출 구성도 기초와 색조화장품 위주입니다. 다른 점이라면 한국콜마는 화장품 매출이 77.7%, 제약 매출이 22.3%입니다. 대부분 화장품 회사의 매출은 중국의 영향이 크고, 주가도 다소 버블이라고 할 정도로 상승했습니다. 사드 사건이 터지면서 미래에 대한 전망이 어두워져 주가는 하락했고 매출도 역시나 떨어졌습니다. 그나마 한국콜마와 같은 회사는 완제품을 만들어 판매하는 회사는 아니라 타격이 좀 덜했습니다.

무엇보다 홈쇼핑과 헬스앤뷰티 매장이 성장했습니다. 헬스앤뷰티 매장은 드러그스토어라고도 불리는데 쉽게 이야기하면 '올리브영' 같은 매장을 말합니다. 과거에는 화장품을 구입하려면 개

별 화장품 매장에 가야 했습니다. 지금도 화장품 매장은 운영되고 있지만 매출이 예전 같지 않습니다. 실제로 주변에 화장품 매장이 많이 사라진 걸 볼 수 있습니다. 그나마 중심 상업지역에는 매장이 있지만 동네에는 이제 거의 보이지 않습니다. 그 자리를 대신한 것이 바로 '올리브영' 같은 매장입니다. 잡화를 비롯한 다양한 뷰티 관련 제품, 비타민 등을 판매하는데 그중에서도 화장품 비중이 매우 큽니다. 다양한 회사의 제품을 판매하다 보니 사람들이 많이 이용하고 있습니다. 이에 따라 완제품이 아닌 화장품 내용물을 판매하는 한국콜마에게는 새로운 판로가 뚫린 거나 마찬가지입니다.

이런 헬스앤뷰티 매장이 많이 생겼습니다. 이런 매장들은 오는 고객에게 다양한 회사의 제품을 팔고 있지만 잘 생각해보면 어차피 온 고객인데 자체 화장품을 팔아도 되지 않을까요. 화장품 내용물은 한국콜마에게 맡기면 됩니다. 이로 인해 한국콜마는 새로운 판매 루트가 생긴 겁니다. 여기에 최근 애터미와 같은 회사에서 판매하는 화장품의 내용물은 한국콜마가 만드는 겁니다. 예전에 방문판매가 있었죠. 지금은 거의 이런 일이 드문데 이걸 대신하는 것이 네트워크 마케팅이라 할 수 있습니다. 애터미 제품의 화장품이 좋다는 소문이 났습니다. 사람들이 자발적으로 찾는다는 소문도 있는데 사실 그게 다 한국콜마의 제품입니다. 이런 제품의 품질을 유지하기 위해서 매출의 5~6%를 해마다 R&D에 투자할 뿐만 아니라 전체 인력의 3분의 1이 R&D 인력입니다.

의약 부문은 최근에 약값 인하 정책 등으로 상황이 좋은 편이 아닙니다. 역설적으로 이 점 때문에 한국콜마에게는 오히려 기회가 되고 있습니다. 한국 제약회사는 대부분 신약을 개발하는 것보다는 기존에 있는 약을 제조해서 판매하는 경우가 많습니다. 이미 시중에 있는 약 중에 특허기간이 끝나면 어느 누구나 해당 약과 같은 효능을 갖고 있는 걸 만들 수 있습니다. 화학 성분을 분해해서 그대로 제조하면 되니 말이죠. 이에 따라 많은 제약사들이 자체 생산보다는 아웃소싱을 하는 편이 오히려 비용절감 면에서 유리합니다. 한국콜마에게 제약 제조를 의뢰하고, 제약회사는 판매를 위한 마케팅에 집중하는 편이 더 효율적입니다.

가장 최근 한국콜마에 있었던 이벤트는 2018년 4월 씨제이헬스케어 인수입니다. 컨디션, 헛개수와 같은 제품을 판매하는 회사인데 이를 씨제이에게 인수했습니다. 문제는 인수대금이었죠. 시장에서는 한국콜마가 그 정도의 금액이 있느냐에 대한 의구심을 갖게 되었습니다. 자기보다 더 큰 회사를 인수하는 것이나 마찬가지로 본 거죠. 그런 이유로 한국콜마의 주가는 꽤 많이 떨어졌습니다. 재무적 투자자를 끌어들여 인수는 했지만 시장은 여전히 의구심을 갖고 있습니다. 그로 인해 헬스케어 부분만 독립해서 상장시킨다는 소문이 계속 돌고 있습니다.

여기에 지속적인 부채가 늘어나면서 한국콜마의 치약 사업을 제외한 제약 부문을 사모회사에 양도했습니다. 제약 부문은 전부 HK이노엔(CJ헬스케어)으로 집중하는 걸로 결정했습니다. 생각해보면 이중으로 제약 부문이 나뉘어 있으니 한쪽으로 집중하는 것이 좋겠죠. 사실 이뿐만 아니라 한국콜마는 2019년에 윤동한 전 회장의 막말 파문이 있었습니다. 그로 인해 불매운동이 일어났습니다. 한국콜마 제품을 직접 불매할 수 없으니 내용물을 받고 있는 회사의 제품을 구입하지 말자는 운동이었죠. 한마디로 CEO 리스크가 제대로 작동했습니다. 이로 인해 가격 하락이 더 커졌는데 아직도 회복하지 못하고 더 떨어진 상태입니다. 분명히 좋은 기업임에는 틀림없지만 이런 사정으로 인해 주가는 지지부진합니다.

기업의 본질에는 여러 가지가 있겠지만 역시나 으뜸은 매출과 이익이라 할 수 있습니다. 현재 한국콜마의 매출은 2017년 8216억 원에서 2019년 1조 5407억 원으로 거의 2배 가까이 성장했습니다. 영업이익도 2017년 670억 원에서 2019년 1178억 원으로 늘어났습니다. 이렇게 성장하는데 아쉽게도 당기순이익은 2017년 486억 원에서 2019년 336억 원으로 줄었습니다. 그동안 씨제이헬스케어 인수 등 쓰는 돈이 많아진 탓이죠. 팬더김밥 사례에서 이야기한 것처럼 현재는 좀 더 확장을 위한 시기라 할 수 있습니다. 투자가 진행되고 있고 이에 따라 숨고르기를 하며 더 높은 점프를 위해 움츠렸던 2019년이었습니다. 2020년부터는 확실히 점프하는 중입니다.

한국콜마 입장에서 괜찮다는 시그널을 보여주기 위해 한 행동은 배당이었습니다. 당기순이익은 2018년에 비해 줄었음에도 현금배당 총액은 늘렸습니다. 2018년 현금배당 총액은 73억 7300만 원에서 2019년 75억 5100만 원으로 말이죠. 주당으로 치면 똑같이 330원으로 한국콜마는 여전히 현금 문제가 없다는 걸 보여준 겁니다. 지속적인 R&D를 통한 연구개발로 화장품 내용물과 제약 쪽의 포트폴리오가 매출 증대와 이익 상승이 된다면 주가도 이에 따라 상승할 겁니다. 주인과 함께 산책하는 개처럼 말이죠.

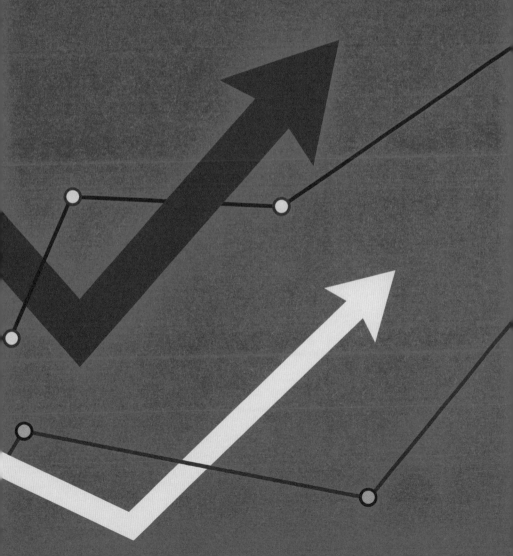

2.
교양으로 자신을
업그레이드시키자

주인과 산책하는
개 이야기 ─────────

　앙드레 코스톨라니라는 유럽 투자자가 있습니다. 미국에 워런 버핏이 있다면 유럽은 앙드레 코스톨라니라고 할 정도로 투자 경력도 오래 되었습니다. 이분은 상당히 다양한 투자를 했습니다. 단순히 주식투자만 한 것이 아니라 금은 물론이고 환율에도 투자하고 별의별 투자를 다했습니다. 이뿐만 아니라 다양한 이론을 제시했는데 그중에서 가장 유명한 이론이 달걀 모형 이론입니다. 금리의 하락과 상승에 따라 자산시장이 어떤 식으로 변화하는지 알려줍니다. 그에 따라 어떤 자산에 투자하는 것이 좋은지 알려준 이론입니다. 이 부분은 마지막 장에서 설명하겠습니다.

주인과 산책하는 개도 있습니다. 주인과 개가 함께 공원을 산책합니다. 지금은 한국에서도 법적으로 개를 산책시키려면 목줄을 달아야 합니다. 하지만 예전에는 그러지 않았죠. 줄에 묶지 않고 개를 데리고 산책을 시켰습니다. 주인이 산책한다고 개가 옆에서 얌전히 걷지 않습니다. 시도 때도 없이 좌우로 움직이는 것은 물론이고 앞뒤로 뛰어다닙니다. 잠시도 가만히 있지 않죠. 그렇다고 주인이 개의 보폭에 맞춰 걸을 수도 없습니다. 주인은 그저 자신의 원래 목적인 산책을 할 뿐입니다.

개는 심지어 저 멀리 갔다가 다시 오기도 하죠. 주인은 자신의 보폭에 맞춰 산책이라는 목적에 맞게 걷지만 개는 상관하지 않습니다. 주인보다 먼저 저 앞으로 가기도 하고 뭔가의 소리에 반응해서 저 뒤로도 갑니다. 이런 식으로 개는 주인과 전혀 상관없이 움직이는 것처럼 보이지만 결국에는 주인이 가는 바로 옆으로 항상 오게 되어 있습니다. 이는 바로 기업의 실적과 주가라고 할 수 있습니다.

기업의 실적이 꾸준히 나오고 있다 해도 주가는 아랑곳하지 않고 움직입니다. 실적이 잘 나온 것 같은데도 주가는 내려가기도 합니다. 실적이 안 나왔는데도 주가가 상승하기도 합니다. 단기간으로 볼 때면 종잡을 수 없습니다. 산책할 때 개를 보면 딱 그렇지 않나요. 도대체 저 녀석은 무슨 생각으로 움직이는지 예측하기도 힘듭니다. 그렇다고 해도 산책하는 주인 옆에 개는 반드시 돌아오는 걸 알 수 있습니다. 주가도 이와 똑같습니다.

당장에는 기업의 실적과 전혀 무관한 듯 보여도 길게 보면 주가는 해당 기업의 실적에 수렴하게 되어 있습니다. 며칠 정도는 기업 실적과 별 상관없이 주가가 움직입니다. 며칠이 아닌 몇 달을 그렇게 움직이는 경우도 무척 많습니다. 심지어 1년이 넘도록 그런 경우도 벌어집니다. 기업의 실적이 계속 잘 나오고 있는데도 주가가 지속적으로 하락하는 경우는 없습니다. 산책하는 주인이 움직인다는 것은 실적이라고 할 수 있고, 종잡을 수 없는 개의 움직임은 주가와 같습니다.

우리가 산책할 때 개의 움직임에 큰 신경을 쓰지 않습니다. 결국에는 내 옆으로 다시 돌아올 것을 알고 있으니 말이죠. 녀석이 출랑거리며 내 근처에서 움직이지만 너무 멀리 떨어지면 큰 소리로 가끔 부르긴 하죠. 녀석은 그 즉시 막 달려오죠. 이와 같이 우리가 투자하는 기업도 똑같습니다. 주가에 집중하기보다는 기업에 집중하는 것이 맞습니다. 기업의 실적이 좋아지면 좋아질수록 주가도 결국에는 따라오게 되어 있습니다. 주식투자의 핵심은 해당 기업의 실적이라고 봅니다. 실적이 받쳐주지 못하는 기업의 주가는 버블일 가능성이 큽니다. 해당 기업의 주가는 실적에 연동해서 움직인다는 점 꼭 기억하시길 바랍니다.

테마주가 왜 테마주일까요. 그건 바로 실적이 동반되지 않은 주가의 상승 때문입니다. 정치 테마주를 비롯해서 다양한 호재 때문에 주가가 상승하는 경우가 많습니다. 대선이나 총선을 앞두고 특정 기업이 대선 후보와 연결된다는 점 때문에 상승하는 경우가 있습니다. 해당 기업의 실적이 나쁜 건 아닌데도 불구하고 과도한 상승으로 일주일 만에 100%도 넘게 상승하기도 합니다. 실적은 전혀 없는데도 특정 인물과 엮여 주가가 폭등하는 경우는 정말로 조심해야 합니다. 그건 산책하는 주인이 너무 멀리 떨어진 개를 잃어버린 것이나 마찬가지입니다.

기업의 실적과 상관없이 주식투자를 하는 사람들도 있습니다. 대부분 이런 경우는 긴 호흡으로 해당 기업의 실적을 함께 나눈다는 개념보다는 짧게 수익을 내겠다는 의도입니다. 기업 실적과 전혀 상관없이 주가가 상승할 때 매수하고 적은 수익이라도 난다면 매도를 합니다. 과거와 달리 최근에는 실적도 함께 감안해서 이런 투자를 하지만 대부분은 매일 사고팔기를 반복합니다. 수익만 내면 다른 건 의미 없다고 주장한다면 할 말은 없습니다. 더구나 이 또한 나름 능력이기도 합니다. 아무나 할 수 있는 건 결코 아닙니다.

　제가 알려드리는 것은 평범한 사람이 해당 기업의 실적이 좋아질수록 주가도 함께 상승한다는 지극히 평범한 상식을 갖고 투자할 수 있는 기업을 선정하는 방법입니다. 제가 쓰는 제품이나 즐기는 대상이라면 해당 기업의 실적이 좋아질 가능성이 큽니다. 이런 기업은 산책하는 주인이 자기 마음대로 움직이는 개와 달리 전진하는 것처럼 시간이 지나면 실적에 연동해서 주가도 옆에 있는 걸 볼 수 있습니다. 다만 기억해야 할 것은 산책하는 주인 바로 옆에 개가 있는 경우는 극히 드물다는 겁니다. 특별한 일이 없다면 언제나 산책하는 주인 옆에 개는 없습니다. 산책을 시작할 때와 끝냈을 때만 일치할 뿐입니다. 바로 그 지점에서 우리는 수익을 낼 수 있는 겁니다.

　언제나 산책하는 주인에게서 저 멀리 뒤로 갔을 때 매수를 합니다. 기다리면 언제가 또다시 주인보다 저 앞으로 갈 때가 있습니다. 적당히 보폭보다 다소 앞이라면 지켜보면 됩니다. 눈앞에 보이지 않을 정도로 앞으로 갔을 때 매도하면 됩니다. 이런 식으로 주식투자를 하면 충분히 수익을 낼 수 있습니다. 문제는 기간이 상당히 길 수 있다는 겁니다. 인내라는 것이 필요합니다. 그럼에도 언제나 산책하는 주인만 잘 지켜보며 주가는 뒤에 있을 때만 매수한다는 생각으로 투자하시길 바랍니다.

기회이자 위협인
중국

    중국은 우리의 30배에 가까운 인구를 가진 나라입니다. 기업 입장에서 무엇인가 팔 수 있다는 점은 호재라고 생각합니다. 단순 계산으로도 큰 수익이 예상되니까요. 요즘은 글로벌 시대답게 외국 기업도 마음만 먹으면 당연히 투자할 수 있습니다. 중국 기업도 마찬가지입니다. 투자하고 싶으면 얼마든지 할 수 있습니다. 그렇다 해도 환율이나 세금 등은 물론이고 정보 때문에라도 중국 기업에 투자하는 건 쉽지 않은 게 사실입니다.

    만약에 이런 중국 기업이 한국에 상장되어 있다면 좋지 않을까요. 맞습니다. 한국에 중국 기업이 상장되어 있습니다. 중국의 알리바바가 뉴욕에 상장되어 있는 것처럼 말이죠. 중국에서 운영하고 있는 중국 회사이고 사장도 중국인입니다. 상장만 미국에 했습니다. 이처럼 기업의 국적과 상관없이 해당 국가에서 원한다면 상장시킬 수 있습니다. 중국에는 현재 상장을 준비하는 기업이 아주 많습니다. 또 중국의 상장 조건이 까다로워 이런 기업을 끌어들이려는 국가들도 있습니다. 그중에 하나가 한국이죠. 상장하게 되면 거래소 입장에서도 돈을 벌 수 있습니다. 이를 중개해서 IPO(Initial Public Offering)하는 증권사 입장에서도 말이죠. 괜찮은 기업이면 상장시키려 노력하는 이유기도 합니다.

상장 조건만 충족된다면 중국 기업이 상장할 수 있습니다. 이렇게 한국에 상장되어 있는 중국 기업이 있습니다. 이런 중국 기업의 실적을 보면 후덜덜이라는 표현이 저절로 나올 정도로 매력적입니다. 한때 중국 기업의 매력적인 실적에 비해 주가가 상대적으로 낮아 관심을 많이 가졌습니다. 소비가 점점 늘어나고 있는 중국인데 외국 기업도 아닌 현지 기업이니 매출과 이익이 많이 늘어날 것이라 기대하는 것은 너무 당연하죠.

그런 기업 중에 씨케이에이치라고 있습니다. 건강식품을 판매하는 회사입니다. 그중에서도 동충하초가 가장 비중이 큰 제품입니다. 간단하게 차를 판매한다고 보면 됩니다. 판매는 전부 중국 내수에서만 거래되고 있습니다. 그럼에도 매출은 2009년 5억 768만 8000위안에서 2011년 11억 3276만 8000위안이 되었습니다. 매출이 단 3년 만에 2배가 넘었습니다. 실적이 이렇게 좋은데도 주가는 널뛰기를 하는 중이었습니다. 2011년 전반기에 3000원대 후반까지 갔는데 후반기에 2000원 초반까지 가격이 하락했습니다. 주가가 이렇게 떨어진다는 것은 실적으로 볼 때 다소 의아하다고 생각했습니다. 매수를 해서 약 20% 수익을 내고 팔았습니다.

시간이 좀 더 지나 2014년 1월에 보니 매출은 여전히 상승하고 있었습니다. 2014년에 16억 4385만 6000위안으로 이전보다 매출 폭은 적었지만 여전히 잘 팔리고 있었습니다. 주가는 2013년에 이런 상황에도 또다시 떨어진 상태라 매수했습니다. 갑자기 급등을 하더군요. 일주일도 되지 않아 약 33%의 수익을 내고 팔았습니다. 저에게는 나름 좋은 추억으로 남은 기업이지만 이후의 스토리는 아름답지 않습니다. 씨케이에이치의 주가는 2021년 1월, 약 400원대에서 머물고 있습니다. 제가 거래했을 때 주가와 비교하면 10분의 1로 하락했습니다. 도대체 무슨 일이 있었던 것일까요.

매출만 놓고 봐도 2017년 1463억 원에서 2019년 1293억 원으로 줄었습니다. 매출은 물론이고 영업이익은 더 한심합니다. 2017년 영업이익 30억 원에서 2018년은 마이너스 765억 원이고 2019년은 마이너스 729억 원으로 돈을 벌기는커녕 손해를 보고 있습니다. 이런 기업의 주가가 제대로 될 리가 없죠. 하락하는 것은 너무 당연합니다. 제가 나온 시점 이후부터 주가는 하염없이 떨어졌다고 할 수 있죠. 계속 보유했다면 엄청난 하락을 볼 뻔했습니다. 가슴을 쓸어내려야 할 듯합니다. 당시 중국 기업에 대한 관심은 어마어마했거든요.

똑같이 관심을 가졌던 기업 중에 차이나그레이트가 있습니다. 기업명에서 이미 중국 기업이라는 느낌이 물씬 나죠. 아마도 현재 검색하면 상장기업으로 나오지 않을 겁니다. 2020년 5월에 상장폐지되었습니다. 차이나그레이트는 아웃도어나 스포츠 운동화를 판매하던 회사였습니다. 상장폐지된 이유는 '의견 거절'입니다. 모든 상장기업은 회계 감사를 받아야 합니다. 회계법인이 기업이 제출한 재무제표를 보고 '합격'이라는 의견을 제시해야 합니다. 이를 통과하지 못한 거죠. 재무제표에서 이상한 점이 발견된 거겠죠. 숫자의 앞뒤가 안 맞는 느낌이 드니 그렇게 결정한 겁니다. 이로 인해 차이나그레이트는 더 이상 한국에서 거래할 수 없게 되었습니다.

저는 차이나그레이트를 2014년 초에 무려 74%의 수익을 보고 팔았습니다. 마찬가지로 매도한 후에 크게 하락했습니다. 중국 기업이 전체적으로 이 당시부터 사람들의 관심에서 사라지게 되었습니다. 정확히는 이전부터 논쟁이 있었지만 설왕설래와 갑론을박이 치열했습니다. 가장 큰 이유는 중국 기업의 재무제표를 믿을 수 없다는 것이었습니다. 제가 언급한 회사 말고도 한국에 상장된 중국 기업이 이미 회계 문제로 몇몇 곳이 상장폐지되었습니다. 한국 기업도 분식회계 등으로 상장폐지되는 경우가 있습니다. 문제는 중국 기업은 한국에 상장된 곳이 몇 개 있지도 않은데 비율상 너무 높았습니다.

중국 기업에 대한 신뢰가 무너진 겁니다. 모든 중국 기업에 대해 도매급으로 똑같이 바라보게 된 거죠. 그럴 수밖에 없는 것이 중국 기업이라는 건 본사가 중국 본토에 있으면서 중국에서 판매하고 임직원도 전부 중국인이라는 뜻이죠. 반면에 회계를 감사하는 회계법인은 전부 한국에 있습니다. 의사소통이 다소 안 된다는 점이 있습니다. 어떤 회계적인 문제가 발생해도 회계사가 직접 해당 기업을 찾아가는 것도 쉽지 않죠. 큰돈이 오가니 직접 방문할 수도 있겠지만 추가 자료 요청에 대해 전혀 응답을 하지 않았습니다. 이런 식으로 제대로 된 의사소통이 되지 않으면서 '의견 거절'이 나오니 중국 기업에 대해 투자자들이 의심의 눈초리로 보게 되었습니다.

하필이면 이때부터 중국 기업의 실적이 대부분 안 좋아졌습니다. 이전까지는 환상적인 실적을 해마다 갱신하며 매력적인 기업으로 보석이라 생각했는데 갈수록 쓰레기처럼 인식되었습니다. 서서히 중국 기업의 실적이 좋아도 사람들은 믿지 못했습니다. 누구는 믿어야 한다고도 했습니다. 누구는 재무제표를 화장으로 모든 걸 숨긴 회사니 조심해야 한다고 주장했습니다. 투자자들의 갑론을박이 시간이 지난 후 중국 기업들의 형편없는 실적으로 확인되니 여지없이 주가가 하락이 아닌 폭락을 했던 겁니다.

이런 기업 중에 '중국원양자원'이 있습니다. 이 기업은 무엇보다 매출과 이익의 성장이 인상적일 정도였습니다. 이런 이유로 투자자들의 관심을 한눈에 받게 되었습니다. 실적이 증가하는 기업의 주가가 상승하지 않는 것이 이상하죠. 상당히 많은 투자자가 매수를 하고 주가도 상승했습니다. 문제는 회사가 발표하는 실적이나 행동이 뭔가 이상했습니다. 돈을 많이 벌고 있는데도 더 확장하겠다며 BW(Bond with Warrant: 신주인수권부사채)를 발행했습니다. 발행 전까지 자신들은 그런 일을 하지 않을 것이라 했거든요.

BW는 회사에서 돈이 필요하니 채권을 발행하는 겁니다. 일정 기간이 지난 후에는 주식으로 전환할 수도 있습니다. 이에 따라 기존 주주들에게는 안 좋은 거죠. 매출과 이익이 같을 때 주식 숫자가 늘어난다면 기존 주주가 가질 수 있는 주주 가치는 하락하는 것이니 말이죠. 1주당 100원의 이익을 가졌던 주식이 BW가 주식으로 전환되면 1주당 95원의 이익이 되면서 주가에는 안 좋은 영향을 미칩니다. 이런 이유로 대부분 BW가 발행되면 주식시장에서는 긍정적으로 보지 않습니다. BW의 보호기간이 끝날수록 주식으로 전환되는 경우가 많아지니 말이죠.

중국원양자원은 수산업체로 물고기를 잡는 회사라고 보면 됩니다. 더 많은 매출을 위해 원양선이 꼭 필요하다고 했습니다. 이때에도 설왕설래가 있었지만 대부분 어쩔 수 없다는 쪽이 좀 더 많았습니다. 의심스럽다며 조심해야 한다는 쪽도 있었지만 무엇보다 이 회사의 실체에 대해 궁금해하는 사람들이 많았습니다. 다른 기업과 달리 원양어업을 하는데 그중에서도 우럭바리에 대한 이야기가 많았습니다. 다들 생전 처음 듣는 것이니 말이죠. 중국원양자원 사장은 이런 불신을 해결하겠다며 한국으로 온다고 했죠. 말과 달리 오진 않고 온라인 영상으로 대체하면서 더욱 불신이 커졌습니다. 그런 와중에도 여전히 실적에 대한 의구심과 재무제표가 정말인지에 대한 갑론을박이 펼쳐졌습니다.

이 기업에 투자한 분 중에 직접 중국으로 간 경우도 있을 정도였습니다. 도대체 원양선을 산 것이 맞는지에 대한 기본적인 의심부터 사람들이 갖고 있으니 이를 해결하겠다면서 말이죠. 실제로 항구에서 중국원양자원의 로고가 찍힌 어선을 사진 찍어 보여줬습니다. 또 다들 잘 모르는 우럭바리를 직접 먹어보기도 했습니다. 워낙 고가의 물고기라서 중국 사람들도 먹어본 사람이 거의 없어 진짜 있느냐는 이야기도 나왔거든요. 그분의 그런 노력으로 어느 정도 실체에 대한 의구심은 사라졌죠.

그런 중국원양자원은 현재 상장폐지되었습니다. 중간에 회사 파업도 일어나고 사장이 회사 돈을 빼돌리기 위해 한국에 상장했다는 이야기도 있었습니다. 수많은 이야기가 오고 갔는데 최종적으로 상장폐지된 거죠. 아주 기본적인 정기 사업보고서를 제출하지 않을 정도였으니 해당 기업에 투자한다는 것 자체가 완전히 투기라고 할 수 있었습니다. 한편으로 너무 말도 안 되는 실적이 지속된다면 조심하고 의심의 눈초리로 볼 필요가 있습니다.

　이처럼 중국 기업에 대한 인식은 아주 안 좋습니다. 지금까지 한국증권거래소에 상장된 중국 기업 24개 중 절반 정도가 상장폐지되었습니다. 모든 중국 기업을 도매급으로 보는 것은 당사자 입장에서 억울하겠지만 현실은 무시할 수 없습니다. 현재 국내에 상장한 중국 기업에 대한 사람들의 인식을 유념할 필요가 있습니다.

남들이 발견하지 못한
미인을 먼저 찾아내자

미인 투표 개념이 있습니다. 이건 경제학자로 유명한 존 메이너드 케인스가 만든 이론입니다. 케인스는 국가가 경제적으로 어려울 때 직접 재정을 투입해서 경기를 살려야 한다고 했습니다. 현대에 들어와서 케인스의 영향을 받지 않는 경제학자나 국가는 없습니다. 경제적으로 어려워질 때마다 어김없이 케인스가 주장했던 재정정책을 실행하고 있기 때문이죠.

미인대회가 열렸습니다. 여기서 미인대회를 관람하는 사람들에게 제안을 합니다. 미인 10명 중 1등을 뽑아달라고 합니다. 1등을 맞힌 사람에게는 상금을 주겠다고 합니다. 이런 제안이 있다면 여러분은 자신 있게 10명 중에 제일 예쁜 사람을 1등으로 선정해서 제출할 겁니다. 미인 한 명 뽑는 게 그리 어려운 것도 아니고 말이죠. 여기서 하나 중요한 게 있습니다. 잘 생각해보면 내가 예쁘다고 생각하는 사람을 무조건 1등으로 뽑으면 안 됩니다.

각자 자신만의 취향이 있습니다. 예를 들어 여러분이 지금 사귀고 있는 이성친구나 배우자가 있다면 다들 무척 예쁘거나 멋있죠. 하지만 남들도 그렇게 이야기를 하나요. 아니면 나만 그런 건가요. 나는 무척 예쁘다고 생각했는데 다른 사람이 아니라고 한 적은 없나요. 혹시나 기준이 다를 수도 있습니다. 이 부분은 아주 애매합니다. 이를테면 내가 생각하는 미인은 얼굴이 아닌 발이 예쁜 사람입니다. 양귀비가 실제로 얼굴이 아닌 발이 작고 예뻤다고 하죠. 그 당시 미의 기준은 얼굴이 아닌 발이었다고 합니다.

이렇게 내 관점에서 미인을 뽑으면 안 됩니다. 보편타당하게 많은 사람들이 미인이라 할 사람을 1등으로 뽑아야 합니다. 어디까지나 1등이 될 가능성이 높은 사람을 뽑아야 내가 상금을 받을 가능성이 커지니 말이죠. 아무리 내가 미인이라고 우겨도 남들이 미인이 아니라고 한다면 아무 소용이 없습니다. 내 눈보다는 남들

눈에 예쁜 사람을 뽑는 게 더 중요하죠. 그래야 1등 상금을 받을 수 있다는 걸 명심하세요. 상금을 받으려면 1등이 될 사람을 맞혀야 하는 겁니다.

그런 의미로 볼 때 아직까지는 사람들에게 예쁘다고 발견되지 못했지만 남들에게 미인이라고 인정될 사람을 먼저 파악하는 것이 최고겠죠. 그 사람이 미인이라고 수많은 사람들에게 인정받는 순간 내 선택이 옳았다는 보상을 받을 수 있으니 말이죠. 투자는 그렇게 하는 것이 맞습니다. 남들보다 먼저 발견하는 거 말이죠. 예를 들어 한국에서 미인의 대표라고 할 수 있는 배우 김태희는 언제 발견하는 것이 최고일까요?

제가 연예기획사 사장이라면 김태희와 계약하고 싶어 할 것 같습니다. 그럼 언제 계약하는 것이 가장 효율적이면서도 연예기획사의 이름을 드높일까요. 김태희와 가장 저비용으로 계약할 수 있을 때는 울산에서 고등학교에 다닐 때입니다. 고등학교 때부터 미인으로 울산에서 유명했다고 하니 말이죠. 그렇긴 해도 서울에 있는 제가 고등학생 김태희와 계약하기는 힘들었겠죠. 누군지도 몰랐을 때고요. 더구나 고등학생이라 인지도를 올리려면 기다려야 할 시간이 너무 길고요.

다음으로는 서울대에 다니는 김태희를 발견해서 계약하는 겁니다. 당시 김태희는 오정연, 이하늬와 함께 서울대 3대 얼짱으로 유명했다고 합니다. 이때에 김태희와 계약했다면 그나마 좋은 결과를 볼 수 있겠지만 아직까지 김태희가 연예계에 관심이 있었는지 여부도 모르니 역시나 오랫동안 기다려야 한다는 걸 알 수 있습니다.

김태희가 사람들에게 이름을 알린 작품이 있습니다. "사랑은 돌아오는 거야"라는 권상우의 대사로 유명한 〈천국의 계단〉입니다. 이 드라마에서 권상우와 최지우는 서로 사랑하는 사이였고, 이를 방해하는 역할로 김태희가 등장해 사람들에게 이름을 알립니다. 아마도 이때가 가장 적기가 아닐까 합니다. 핫한 드라마에 조연으로 훼방꾼으로 등장했으니 시청자들에게 각인된 거죠.

다음 작품으로 김래원과 출연한 〈러브스토리 인 하버드〉에서 주연으로 발탁되어 확실히 사람들에게 배우로 각인됩니다. 미인으로 인정을 받게 된 거죠. 그 이후에 LG싸이언 폰 모델로 발탁되어 확실한 A급을 넘어 S급 스타가 되었습니다. 스페인 투우장에서 춤추며 찍은 영상 덕분에 LG싸이언 폰은 삼성의 아성을 위협할 정도였죠. 이때부터 김태희는 미인의 대명사가 되었고 아직까지도 그 명성은 유지되고 있습니다. 다만 지금 계약한다면 김태희에게 큰 지분을 줘야겠죠. 수익배분에서 어쩌면 10 중에 9를 김태희가 가져가는 계약을 해야 할 겁니다. 이런 상황에서도 계약을 하긴 합니다. 새로운 작품에서 제가 운영하는 회사의 신인배우를 넣을 가능성이 있으니 말이죠. 이건 투자보다는 연예기획사 이야기입니다만.

이처럼 남들에게 미인이라고 인정받을 사람을 먼저 알아보고 계약했다면 큰 수익을 냈을 겁니다. 투자도 같습니다. 가장 좋은 것은 남들로부터 미인이라고 인정받을 기업을 먼저 발견해서 투자하는 겁니다. 김태희가 울산에 있는 고등학교 다닐 때가 최고겠지만 현실에서 이런 투자는 무척이나 힘들고 어렵습니다. 김태희가 〈러브스토리 인 하버드〉 주연으로 캐스팅되었을 때나 그보다 다소 늦더라도 LG싸이언 폰 광고를 찍었을 때가 가장 적절하죠. 무엇보다 좀 더 안전하고 지속적으로 수익을 낼 기업으로 탈바꿈했으니 말입니다.

항상 투자할 때 미인을 찾았다고 흥분하지만 정작 나만 미인으로 보고 남들은 무시한다면 그것만큼 비참한 것도 없습니다. 실제로 미인이라 생각하고 매수했는데 주가가 요지부동으로 움직이지 않습니다. 그보다 더 심하면 계속 하락하기도 합니다. 내가 발견한 미인이 나에게만 미인인지에 대해 고민하고 자괴감이 들기도 합니다.

가치투자란 남들이 아직 발견하지 못한 미인을 내가 먼저 찾아내는 것이라 할 수 있습니다. 꾸준히 공부하고 연구하며 조사하다 보면 미인이 될 기업을 남보다 먼저 발견할 수 있지 않을까요. 나만 알던 기업에서 누구나 다 인정하는 기업으로 말이죠. 그 바탕에는 역시나 해당 기업의 실적이 핵심입니다. 그런 기업 찾아 꼭 좋은 수익을 내기 바랍니다.

중요한 것은 실수가 아니라 인정하고 결단하는 것 _____

　살다 보면 실수할 때가 있습니다. 중요한 것은 실수가 아니라 이를 인정하는 것입니다. 실수 없는 삶이 어디 있겠습니까. 더구나 실수한다는 것은 무엇인가를 했다는 뜻이 됩니다. 실수하지 않는 가장 좋은 방법은 아무것도 하지 않는 것이라 하죠. 실수한 후에 성장한다면 결코 나쁜 경험은 아닙니다. 실수를 두려워하기보다는 이를 반복하지 않도록 하는 것이 핵심이죠. 이런 점은 투자하면서 더욱 두드러집니다. 주식투자 같은 경우에 소액으로도 얼마든지 반복적으로 투자를 할 수 있다는 장점이 있습니다. 투자하며 실수가 되풀이되지 않도록 노력하면 될 듯합니다.

그런 사례 중 하나가 있습니다. 저는 차트를 보며 투자하지 않습니다. 참고는 하지만 차트만 보고 투자하진 않습니다. 차트를 제대로 보는 법도 공부한 적이 없어 잘 모르기도 하고요. 대신 해당 기업에 투자할 때 최소한 재무제표를 참고합니다. 매출과 이익을 보면서 실적이 줄어들고 있는지 아닌지 보는 거죠. 오로지 차트를 보면서 상승과 하락을 예측하며 투자 여부를 결정하지 않습니다.

그럼에도 가끔 투기를 할 때가 있습니다. 투기라는 표현이 다소 낯설거나 부정적으로 들릴 수 있겠지만 우리가 하는 투자와 투기는 한 끗 차이죠. 농담으로 내가 하면 투자고 남이 하면 투기라고 합니다. 내가 한 모든 의사결정은 다 이유가 있고, 합당한 추론에 따른 결과입니다. 나는 상승할 수밖에 없는 이유를 미리 알고 있어 매수한 거죠. 이처럼 말을 어떻게 하느냐에 따라 투자도 되고 투기도 됩니다. 가끔은 이것저것 따지지 않고 투기 관점에서 할 때도 있습니다.

그런 기업 중 하나가 삼성중공업이었습니다. 아무것도 따지지 않고 오로지 차트만 봤던 기업입니다. 정확히는 차트가 아닌 가격이었습니다. 제 착각인지 몰라도 삼성중공업은 이상하게도 3만 원으로 주가가 형성되면 얼마 있지 않아 가격이 상승했습니다. 그런 상황을 보고 어느 날 삼성중공업 주가가 3만 원으로 내려온 걸 확인했습니다. 투기 목적으로 들어가는 것이니 길게 생각할 것도 없고 큰 수익을 욕심내지도 않았습니다. 그저 10% 정도의 수익을 내면 팔고 나오려고 했습니다. 3만 원에 매수한 후에 3만 3000원이 되면 팔려고 마음먹었습니다.

평소에 가격을 자주 확인하는 스타일은 아닙니다. 가격을 보더라도 일희일비하기보다는 얼마인지 확인만 합니다. 그러나 투기 목적으로 들어갔으니 가격을 자주 확인해야 했죠. 가격이 10%만 상승하면 매도했어야 하니 말이죠. 예상대로 3만 원에서 움직였는데 가격이 하락했습니다. 주가라는 것이 원래 수시로 움직이는 것이니 가격이 2만 원대로 내려갔다고 팔아야 할 이유는 없습니다. 3만 원에서 다시 올라가면 되니 말이죠.

기다리면서 10%대 수익을 내기 위한 준비를 하고 있는데 가격이 계속 내려가는 겁니다. 처음에 갖고 있던 아이디어대로 움직이는 주가의 변동폭이 아니라고 느껴지더군요. 뭔가 기분이 쎄한 느낌이었습니다. 주가가 계속 하락하는 것이 제가 뭔가를 놓쳤다는 느낌이 드는 겁니다. 주가의 하락이 지속돼 거의 2만 5000원까지 내려갔습니다. 3만 원인 제 기준가격에서 다시 올라가면 된다고 생각했습니다. 그런 이유 때문에 2만 9000원까지는 그러려니 할 텐데 주가 하락폭이 너무 심한 거죠. 이상해서 살펴봤습니다.

알고 봤더니 삼성중공업은 물론이고 조선업 자체의 업황이 망가졌던 겁니다. 조선업의 호황 사이클이 끝나고 수주가 없어지는 상황으로 변했습니다. 아무리 주가가 실적과 상관없이 움직일 때가 많다고 해도 미래에 대한 희망이 없다면 선반영해서 하락할 때가 많습니다. 당장의 실적과 상관없이 향후 실적이 안 좋아질 가능성이 확실하다면 주가는 하락하게 되어 있습니다. 바로 그런 상황이 펼쳐진 거죠.

상황이 그렇게 된 것을 보고 저는 겸손히 실수를 인정했습니다. 이제 남은 것은 손해를 보더라도 팔아버리는 것입니다. 기업의 실적이 좋아질 가능성이 있다면 버틸 수 있겠지만 그렇지 못한 상황이었습니다. 처음부터 기업에 대한 조사나 재무제표 등은 보지도 않고 들어갔으니 제 아이디어가 훼손되었으면 실패한 겁니다. 어떤 목적을 갖고 투자를 했든 제가 갖고 있는 아이디어에 따라 움직이느냐가 중요하죠. 삼성중공업은 그런 면에서 제 아이디어는 소멸되었습니다.

팔아야 한다는 생각을 가졌다고 당장 전액 다 매도한 것은 아니었습니다. 재미있게도 삼성중공업은 업황이 망가졌음에도 불구하고 다시 주가가 상승하기 시작했습니다. 이럴 때 마음이 간사해집니다. 내가 매수한 금액인 3만 원이 다시 올 것을 기대하며 기다리게 되어 있습니다. 그럼에도 저는 제가 실수했다고 생각하며 냉정하게 매도를 했습니다. 2만 8000원에 한 번 매도하고 2만 9000원에 남은 물량을 전액 다 팔았습니다.

손해를 보고 팔았지만 사실 이런 결단도 대단한 겁니다. 가격이 오르고 있으니 조금만 더 기다리면 본전이 될 수 있으니 말이죠. 이럴 때 대부분 좀 더 참아 본전에 나가고 싶은 욕심이 생깁니다. 본전에 파는 걸 욕심이라는 표현이 다소 아이러니하지만 실제로 그렇습니다. 대부분 바로 그 욕심 때문에 본전은커녕 손해를 크게 보는 경우가 무척 많습니다. 실제로 제가 아는 지인은 삼성중공업에 투자해 주가가 하락했는데도 다시 상승할 것이라는 다소 헛된 희망을 갖고 계속 보유했으니 말이죠.

저는 두 눈 질끈 감고 실수를 인정했기에 과감히 결정하고 실행했습니다. 예상대로 삼성중공업은 그 이후로 더 이상 3만 원은 볼 수 없는 가격대가 되었습니다. 삼성중공업의 주가는 현재 1만 원 이하에서 움직이고 있습니다. 삼성중공업의 투자는 실패 사례지만 중요한 것은 실수를 인정하고 미련 없이 매도했다는 교훈을 얻는 투자였습니다. 정확히는 투기라고 써야겠네요.

미래의 꿈과 희망을 먹고 사는 바이오주

　　주식시장은 항상 미래를 보며 달려갑니다. 미래에 대단한 일이 생긴다고 사람들이 믿는다면 주가는 실적과 상관없이 앞으로 달려갑니다. 그것도 가까운 미래가 아닌 좀 더 먼 미래일수록 더욱 그렇습니다. 6개월이나 1년 후에 생긴다면 이미 주가에 거의 대부분 반영되어 움직임이 적습니다. 그보다는 좀 더 먼 미래일 때 주가는 크게 반응합니다. 기업이 발표하는 호재에 사람들은 열광하고 더 비싸지기 전에 매수하려 합니다. 이런 사람들이 많아지면 기업의 실적은 아무런 의미가 없습니다. 오로지 될 것이라는 기대감만 있다면 말이죠.

　이런 걸 테마라고 부르기도 하고 주도주라고도 합니다. 저는 아둔한 편이라 테마나 주도주를 포착하지는 못합니다. 보통은 이런 테마를 기가 막히게 잘 선택하는 분들이 아주 큰 수익을 내죠. 뜻하지 않게 내가 매수한 기업이 테마를 타고 급작스럽게 상승할 때도 있긴 합니다. 이를 충분히 만끽할 수 있느냐는 또 다른 일이지만 말이죠. 대부분은 어쩌다 한 번이지 매번 포착해서 매수하는 것은 어려운 일입니다.

　이런 테마나 주도주는 현재가 아닌 미래에 달려 있습니다. 당장은 다소 실적이 없더라도 우리 사회가 나아갈 방향에 따라 주목을 받고 실적을 낼 회사들이 움직입니다. 투자자들은 이런 기업을 찾기 위해 혈안이 되어 있습니다. 아쉽게도 몇몇 기업만 이런 주도주나 테마에 속해 주가는 상승하지만 한때에 불과한 경우가 많습니다. 이런 이유로 갑자기 상승한 수많은 기업 중에 옥석을 가리는 것은 쉽지 않습니다. 시간이 꽤 걸리기도 하고, 아주 짧은 시간에 상승했던 주가가 폭락하기도 합니다.

　저는 여러 투자 관련 카페에 올라온 글을 읽어보는 편이라고 했는데 그중에는 투자 아이디어가 되는 것도 있고, 미처 생각하지 못한 향후 전망이나 기업에 대한 소개도 있습니다. 계속 보다 보면 특정 닉네임이 눈에 들어옵니다. 물론 이런 카페에서 조심할 필요는 있습니다. 자신의 흑심을 숨기고 정보라고 카페에 올리기도 하기 때문이죠. 자신이 매수한 기업의 주가를 상승시키기 위해 그런 경우도 많거든요. 또는 사람들을 모집하기 위해서인 경우도 있습니다. 그렇기에 단기간이 아닌 장기간 꾸준히 글을 올리는지 눈여겨보고 좀 더 신경 써서 글을 읽습니다.

그렇게 글을 올리던 어떤 분이 '바이로메드'라는 기업을 추천했습니다. 글을 쓰신 분은 평소에도 꽤 진지하게 기업분석을 올리는 분이었습니다. 제가 전혀 알지 못하는 기업이었고 의약 분야였습니다. 한국에는 거의 대부분 신약이 없습니다. 카피약이라 불리는 제네릭 시장만 있다고 해도 과언이 아닙니다. 신약을 개발하면 일정 기간 동안 특허로 보호받습니다. 세계적인 다국적 제약사들은 대부분 신약을 개발해서 돈을 법니다. 가장 흔한 타이레놀 같은 경우가 그렇습니다. 타이레놀은 오리지널이지만 특허가 만료되었습니다. 이에 따라 다른 제약사도 얼마든지 똑같은 약을 만들 수 있습니다. 물론 약의 효과나 생동성 실험을 해야 하지만 말이죠.

신약을 만드는 데는 엄청난 시간이 필요합니다. 보통 임상시험이라는 걸 해야 하는데 전부 통과될 때까지 최소 10년은 걸립니다. 동물부터 시작해서 사람에게까지 투약해야 하니 말이죠. 가끔 전철에서 고혈압 환자를 대상으로 하는 임상시험 참여자 모집 광고를 보셨을 겁니다. 현재 고혈압 환자는 20대에서도 계속 증가하는 추세죠. 만약 암에 치료 효과가 확실한 신약이 개발된다면 조 단위 매출을 올리는 것은 어렵지 않을 것입니다. 이러니 제약 부문은 다소 꿈과 희망을 먹고 산다고 해도 과언이 아닙니다. 각종 임상시험이 현재 진행 중에 있고 신약이 탄생하는 순간 꿈과 희망은 현실이 되니 말이죠.

　임상시험이 결코 쉬운 게 아니라는 것이 문제입니다. 가끔 드라마에서 시한부 판정을 받은 사람에게 의사가 아직 검증되지 않았지만 해볼 만한 시도가 있다고 제안하죠. 이게 바로 사람에게 하는 임상시험입니다. 1상부터 3상까지 있는데 3상이 통과된다고 곧장 신약이 출시되는 것도 아닙니다. 통과된 후에 취소되는 경우도 허다합니다. 사람이 먹는 약이라 작은 부작용이라도 있으면 안 되는 거죠. 신약을 개발한다는 것은 긴 시간이 필요할 뿐만 아니라 어마어마한 돈도 필요합니다. 거의 돈 먹는 하마라고 할 정도로 돈이 필요합니다. 이런 이유로 대부분 제약사들이 신약을 개발하고 싶어도 쉽게 뛰어들지 못합니다.

바이로메드는 바이오의약품 신약을 개발하는 중이었습니다. 아직까지 많이 알려지지 않아 주가도 1만 원 미만일 때였습니다. 이전까지 합성의약품에서 바이오의약품으로 제약 산업이 전환되고 있던 중이니 바이로메드의 미래도 밝게 빛나 보였습니다. 흔히 이야기하는 1조 정도의 매출을 올리는 블록버스터 급의 신약 하나만 개발한다면 지금까지 투입한 연구개발비를 회수할 뿐만 아니라 그 이상의 매출이 발생할 수 있다는 전망이 보였습니다. 그렇게 된다면 주가가 상승하는 건 너무 당연하죠.

바이로메드가 개발하는 신약은 무척 범위가 다양합니다. 대표 신약은 VM202 계열입니다. 당뇨병, 허혈성 심장질환 등을 치료할 목적으로 개발 중입니다. 이 외에도 VM206은 항암치료 백신인데 주로 유방암 환자를 대상으로 합니다. 또 대장암, 난소암, 췌장암, 혈소판 감소증 등의 신약을 개발 중입니다. 개발 중인 신약 파이프라인을 보면 저절로 희망과 꿈이 느껴졌고, 기대대로 된다면 엄청난 매출과 이익이 예상되었습니다.

많은 사람들이 바이로메드를 바라보는 시선은 신약이 개발된다면 환상적인 일만 펼쳐질 것이라는 기대에 차 있었죠. 그러나 정작 재무제표를 보면 한숨이 나옵니다. 2017년 매출액이 32억 원에 영업이익은 마이너스 69억 원입니다. 2019년 매출액은 45억 원에 영업이익은 마이너스 417억 원입니다. 이건 도저히 이해할 수 없는 실적이죠. 매출액만 봐도 어지간히 장사 되는 자영업자보다 못하다 할 수 있습니다. 이런 기업이 상장했다는 사실이 놀라울 따름입니다.

기업이 상장하려면 조건이 있습니다. 꽤 까다롭고 복잡한데 그중에서 매출과 관련해 상장 직전 3년 평균 700억 원 이상이 되어야 합니다. 영업이익은 3년 합계가 60억 원 이상은 되어야 하고 말이죠. 이런 관점에서 볼 때 바이로메드는 상장 조건에 부합되지 않습니다. 그런데도 상장이 되었습니다. 뭔가 비리가 있다고 느껴질 수도 있지만 그렇지 않습니다.

이 회사가 상장할 때 '기술 평가 특례 상장'이라는 제도가 있었습니다. 매출과 이익 등에서 전혀 상장 조건에 부합되지 않아도 외부 검증기관에서 기술력을 평가받아 일정 점수 이상을 획득하면 상장할 수 있는 제도였습니다. 이 제도는 2005년부터 시행했는데 그 첫 사례로 바이로메드가 선정되었습니다. 서울대 교수였던 김선영 현 대표이사가 신약을 만들면서 만든 회사입니다. 엄청난 돈이 필요하니 법인을 설립하고 상장까지 했다고 보면 됩니다. 주주총회를 서울대에 있는 건물에서 한 적도 있습니다. 워낙 특이해서 가볼까 하는 생각도 했었죠.

현재 바이로메드의 주가는 제가 처음 매수할 때와는 비교도 되지 않습니다. 주가가 가장 높았을 때인 2019년에는 20만 원까지 상승했습니다. 매수 당시에 신약이 개발될 때까지 보유하려 했던 기업인데 사정이 생겨 얼마 되지 않아 매도했습니다. 지금 와서 돌아보면 뼈가 아플 정도로 안타까운 일이죠. 20만 원이 될 때까지 보유하지 못했을 가능성이 크지만 그래도 큰 수익을 낼 수 있었는데 말이죠.

바이로메드는 신약 개발 중 임상 3상에서 실패한 일이 있습니다. 임상시험에서는 진짜 약을 투여받은 환자와 가짜 약을 투여받은 환자로 나눠 진행합니다. 대조군을 비교하는 이유는 정확한 약의 효능을 테스트하기 위한 것이죠. 문제는 엄격히 분리되었어야 하는데 서로 잘못 투여된 걸로 발견되어 결론 도출에 실패했습니다. 이로 인해 바이로메드에 대한 신뢰성이 타격을 받게 됩니다. 시장에서는 이를 주식매도로 응징했고, 회사는 다시 임상시험을 해서 제대로 된 결과를 도출하겠다고 했지만 그 이후로 주가는 지지부진했습니다.

사실 바이로메드는 제 능력으로 투자할 수 있는 기업은 아닙니다. 제가 관련 종사자도 아니고 나오는 용어 등도 제대로 분석할 능력이 되지 않고요. 제가 알 수 있고, 분석할 수 있는 기업만 투자해야 한다는 관점에서는 다소 맞지 않았습니다. 그래도 덕분에 제약 분야를 공부하게 되었죠. 그로 인해 지식과 교양이 쌓이긴 했습니다. 한국의 미래 먹거리를 생각한다면 헬스케어를 비롯한 제약 분야는 절대 포기할 수 없는 부분이긴 합니다. 천천히 계속 공부하면서 기업을 선택해야겠죠. 혹시나 지금 바이로메드를 검색하셨다면 상장기업에서는 찾지 못할 겁니다. 현재는 '헬릭스미스'로 기업명을 변경했습니다.

3.
주식으로
기업의 세계를 알아보자

기업의 가장 확실한 자신감
_배당

주식투자를 하는 데는 다양한 이유가 있지만 기본적으로는 돈을 벌기 위해서죠. 거창하게 이야기하면 내가 투자한 기업의 가치가 상승함에 따라 주가도 올라갑니다. 해당 기업의 실적이 바로 미터가 되어 가치를 나눠 갖는 방법으로 주식을 매수하는 겁니다. 해당 기업이 잘되기를 응원해야 하는 거죠. 혹시나 해당 기업의 제품을 나도 살 수 있는 것이라면 좀 더 적극적으로 구입해서 사용하는 방법이 해당 기업과 함께 가는 겁니다. 결국 해당 기업에 투자해서 돈을 버는 것이 궁극적인 목표입니다.

상장된 기업에 투자하는 건 보통주뿐만 아니라 우선주도 있습니다. 보통주에 비해 우선주는 의결권이 없는 대신에 배당을 더 많이 받습니다. 의결권이라는 건 회사에서 어떤 결정을 내릴 때 보통 주주총회를 통해 투표로 결정하게 되는데 그 권리를 말합니다. 해당 기업의 보통주를 갖고 있다면 투표로 의사표현을 할 수 있습니다. 적극적으로 기업의 주요 결정에 참여한다는 의의가 있습니다. 기업이 성장하면서 생기는 과실을 주주가 함께 나눠 갖는 겁니다. 맞는 말이긴 하지만 주식투자에는 수익이 현실적인 선택이죠. 그렇게 볼 때 굳이 보통주를 갖고 있을 필요는 없습니다.

그럼 기업이 우선주를 발행하는 이유는 뭘까요. 그건 결국 돈이 필요하기 때문입니다. 주식을 발행하는 것도 기업 입장에서는 돈을 조달해서 사업을 하기 위한 방법입니다. 발행을 많이 하는 건 좋은데 모든 주식을 전부 팔 수는 없습니다. 기업의 오너 입장에서는 대주주 지위를 놓치면 극단적으로 볼 때 쫓겨날 수도 있죠. 상장할 때와 달리 추가적인 주식 발행은 그런 면에서 다소 위험할 수 있습니다.

기업이 돈이 필요할 때 조달하는 방법은 먼저 은행에서 대출을 받는 방법이 있습니다. 다음으로 채권을 발행하는 방법이 있고요. 마지막으로 주식을 발행하는 겁니다. 은행 대출과 채권 발행은 결국 다시 갚아야 합니다. 가장 좋은 방법은 주식을 추가로 발행하는 거죠. 무척 쉬운 방법처럼 보이지만 대주주의 지분이 줄어드는 효과와 함께 투자자들 입장에서는 기업에 돈이 없다는 시그널로 받아들이기 때문에 반기지 않습니다.

상장기업들의 사업보고서를 보면 주식의 총수라는 면이 있습니다. 대부분 발행할 주식의 총수에 비해 발행한 주식의 총수가 적습니다. 기업이 향후 발행할 수도 있다는 뜻이긴 하지만 복잡한 작용이 있어 생각보다 쉽지 않습니다. 대주주 입장에서는 자신의 지분은 유지하면서 갚아야 할 필요도 없는 우선주가 있습니다. 우선주를 발행하면 돈이 들어오고 지분의 가치는 희석되지도 않습니다. 배당을 더 준다는 점이 있고 회사가 청산될 때 우선주가 먼저 절차를 밟는다는 정도죠.

어느 국가나 보통주에 비해 우선주 가격이 낮습니다. 괴리율이라고 하는데 한국은 그 괴리율이 유독 큽니다. 그 이유 중 하나가 배당이 적기 때문입니다. 배당은 기업의 이익 중 일부를 주주들에게 나눠주는 겁니다. 배당을 주는 것이 꼭 좋은지 여부는 생각하기 나름입니다. 기업이 이익을 갖고 재투자를 통해 더 발전한다면 배당보다 낫겠죠. 한참 성장하는 기업은 배당을 주기보다는 지속적인 재투자로 실적이 늘어 주가가 상승한다면 그게 더 좋죠.

워런 버핏의 버크서 해서웨이는 지금까지 단 한 번도 배당을 한 적이 없습니다. 보유하고 있는 현금을 재투자하는 것이 배당보다 더 좋다는 입장입니다. 기업이 성장하면 그에 따라 주가는 자연스럽게 상승할 테니 말이죠. 더 이상 보유 현금을 제대로 사용할 수 없다면 그때는 배당하겠다는 것이 워런 버핏의 판단입니다. 2009년 한 주에 8만 9000달러였던 버크서 해서웨이의 주가는 2021년 1월, 약 35만 달러 정도 합니다. 원화로 치면 주당 약 3억 8000만 원이 넘으니 배당보다 훨씬 더 좋은 건 당연하겠죠. 이런 특수한 경우를 제외하면 대부분 배당을 지급하는 회사가 대다수입니다.

배당은 무엇보다 해당 기업의 현금을 소진하는 것이니 가장 확실하게 시장에 보여주는 자신감입니다. 돈을 벌어 이익을 낸다고 하더라도 배당만큼 확실한 증거는 없습니다. 조작이 불가능한 영역이죠. 배당을 준다는 것은 회사에 현금이 있다는 뜻입니다. 이익이 나지 않는 회사는 남는 돈이 없겠죠. 배당을 주려면 회사에 잉여현금이 있어야 한다는 뜻이니 말이죠. 배당을 주는 회사는 탄탄한 실적을 바탕으로 쌓인 현금을 주는 겁니다. 주주 입장에서는 무척 좋은 일이죠.

한국은 전 세계에서 배당을 적게 주는 국가 중 하나입니다. 거의 꼴찌에 가까울 겁니다. 여러 이유가 있겠지만 한국의 순환출자 같은 구조 때문입니다. 예를 들면 A기업의 대주주가 지분을 30% 정도 갖고 있다면 배당을 많이 주면 줄수록 자기에게 좋습니다. 지분만큼 배당을 받으니 말이죠. 한국의 오너들은 지분을 소수만 갖고 있습니다. A기업의 1% 정도만 갖고 있는 거죠. 겨우 그 정도의 지분으로 기업을 통제한다는 것이 다소 말이 안 되죠. 더구나 그 정도의 지분을 갖고 있으니 배당을 많이 해야 할 필요성도 못 느낍니다.

적은 지분으로도 기업을 통제할 수 있는 것은 A기업의 지분 20%를 B기업이 보유하고 있습니다. B기업의 지분 30%를 C기업이 갖고 있습니다. C기업은 비상장 기업인데 A기업의 오너가 실질적인 대주주입니다. 이런 구조로 되어 있으니 A기업을 통제할 수도 있고 배당을 많이 줄 필요도 없습니다. 이런 실정이라 대주주 입장에서는 기업에 생긴 이익을 배당으로 지급하지 않고 자신이 만든 비상장 기업에 일감 몰아주기를 합니다. 과거 한국 재벌 기업에서 비일비재하게 벌어졌던 일이지만 현재는 언론과 여론의 감시로 대놓고 하지는 못하고 있습니다.

대부분 우선주는 보통주보다 무조건 배당금을 더 주게 되어 있습니다. 의결권도 없는데 배당도 적게 준다면 아무런 가치가 없죠. 사업보고서를 보면 우선주는 보통주에 비해 액면가의 1% 이상을 더 배당해야 한다고 명시돼 있습니다. 이런 실정인데도 배당금이 워낙 적으니 보통주와의 괴리율이 큰 편입니다.

그럼에도 배당을 받는 관점에서 우선주를 매수하는 것이 더 좋을 수 있습니다. 괴리율이 크다고 하더라도 대부분 보통주 가격에 연동되어 우선주 가격이 움직입니다. 보통주의 주가가 상승한다면 그에 따라 우선주의 주가도 상승하기 마련입니다. 여기에 가끔 우선주 열풍이 불어 뜻하지 않게 이익을 내는 경우도 있습니다. 게다가 보통주와 우선주의 괴리율이 큰 편이라 배당을 많이 준다면 우선주가 보통주 가격에 근접하게 따라갈 가능성도 있고요.

배당수익률 관점에서도 우선주가 훨씬 더 이익입니다. 만약 보통주가 1만 원이고 우선주가 7000원일 때, 보통주는 100원을 배당받고 우선주는 110원을 받습니다. 우선주를 갖고 있어 봤자 겨우 10원 더 받는다고 실망할 수도 있습니다. 하지만 내가 투자한 금액으로 따져보면 다릅니다. 1만 원 투자하고 100원을 받으니 배당수익률은 1%입니다. 그러나 7000원 투자하고 110원을 받으면 배당수익률은 약 1.6%입니다. 배당을 주는 우선주의 매력이 느껴지시나요.

　혹시나 관심 가는 기업을 찾았을 때 보통주가 있지만 우선주도 있다면 우선주를 매수하는 것은 어떨까 합니다. 보통주보다 우선주로 배당을 받으면 더 많은 현금이 내 통장에 들어옵니다. 대부분 우선주가 주가도 더 저렴하니 같은 투자액이라면 더 많은 주식을 보유할 수 있는 장점도 있죠. 기업의 주가 상승으로 시세차익을 얻는 것도 좋지만 분기당 또는 해마다 받는 배당금만큼 신나는 것도 없습니다.

함께 성장하는 든든한 친구
_LG생활건강

미국을 대표하는 다우지수에 포함되는 기업은 겨우 30개입니다. 여기에 포함된 기업 중 지난 100년 동안 계속 포함된 기업은 단 하나도 없습니다. 1884년에 지수가 만들어지고 가장 오래 머물렀던 기업은 제너럴일렉트릭(GE)이었습니다. 그만큼 기업이 오래도록 존속한다는 것은 어려운 일이죠. 기업을 운영하는 것은 수많은 변수와 변수 사이에서 생존하는 악전고투의 반복입니다. 하지만 무너지는 것은 한순간이죠.

갈수록 복잡해지는 사회에서 기업의 생존이 더욱 어려워지고 있습니다. 어떤 결정은 기업을 나락으로 떨어뜨리기도 하고 회생시키기도 하죠. 이런 결정을 위해 임직원들은 머리를 맞대고 최선을 다합니다. 하지만 아무래도 최종 결정은 대표이사가 합니다. 한국에서 오너가 있는 기업은 대표이사보다 오너가 하는 경우가 많긴 하지만 말이죠. 이런 관점에서 기업의 사장은 실질적으로 절대적입니다. 물론 워런 버핏은 바보라도 운영할 수 있는 기업이 좋은 기업이라고 말했습니다. 그러나 아쉽게도 현실에서 그런 일은 벌어지지 않습니다. 누가 뭐래도 사장은 기업의 운명을 좌우할 정도의 막강한 영향력을 가지고 있습니다.

LG생활건강은 차명석 대표이사가 오래도록 운영하고 있는 기업입니다. 사장이 중요하다는 관점에서 눈여겨보게 되었습니다. 본주와 우선주가 있다면 이왕이면 우선주로 매입하는 것이 좋다고 했죠. 제가 처음 본 2010년 8월 정도에 9만 9000원 정도였습니다. 2021년 1월에 우선주는 무려 70만 원대이고 보통주는 160만 원대입니다. 정말로 좋은 기업을 매수해서 함께 성장한다는 표현에 이보다 더 적절한 기업은 없을 듯합니다.

LG생활건강 하면 가장 먼저 떠오르는 것은 아마도 치약이지 않을까 합니다. 꼭 치약이 아니더라도 생활건강이라는 회사명처럼 생활용품을 판매하는 회사로 생각됩니다. 분명히 틀린 것은 아니지만 지금의 LG생활건강을 본다면 그렇지 않습니다. 현재 3가지 사업 분야로 매출이 발생하고 있습니다. 생활용품, 음료, 화장품입니다. 생활용품만 생각하셨던 분들에게는 화장품과 음료가 다소 생소할 수도 있겠지만 이름을 들어보면 고개가 끄덕여질 것입니다.

가장 대표적인 생활용품은 엘라스틴, 온더바디, 페리오, 자연풍 등이 있습니다. 친숙한 제품으로 구성되어 있습니다. 음료는 코카콜라, 환타, 스프라이트, 파워에이드, 미닛메이드, 조지아, 평창수, 토레타 등이 있습니다. 화장품은 후, 숨, 오휘, 이자녹스, 더페이스샵 등이 있습니다. 역시 대부분 아는 제품들일 겁니다.

생활용품은 주요 8대 카테고리가 있습니다. 샴푸/린스, 바디워시/비누, 치약/칫솔, 세탁세제, 표백제, 섬유유연제, 주방세제, 주거위생제가 있습니다. 이런 8대 카테고리에서 2020년 LG생활건강의 시장점유율은 38.1%입니다. 2018년 35.4%에서 더 증가했습니다. 이 정도 점유율이면 막강한 영향력을 가졌다고 할 수 있습니다. 시장지배력과 인지도 측면에서 앞으로 더 좋아질 거라 예상합니다.

음료는 워낙 친숙한 브랜드가 많아 오히려 놀랐을 겁니다. 특히나 코카콜라 같은 경우 LG생활건강에서 취급한다는 사실이 다소 의아했을 겁니다. 우리가 알고 있는 코카콜라는 콜라 원액을 파는 겁니다. LG생활건강은 유통한다고 생각하면 됩니다. 이를 보틀링 사업이라고 하는데, 코카콜라에서 받은 원액을 캔이나 병에 넣어 판매하는 걸 LG생활건강에서 하는 겁니다. 음료 부분의 시장점유율은 2017년 30.5%에서 2019년 31.6%로 역시나 늘어나고 있습니다.

끝으로 화장품 역시 친숙한 브랜드가 많을 겁니다. 그중에서 더페이스샵이 LG생활건강이라니 다소 놀라셨을 텐데 중저가 화장품인 더페이스샵을 인수했습니다. 국내 럭셔리 시장점유율은 2017년 22.9%에서 2019년 25.9%로 상당히 많이 늘렸습니다. 국내 프리미엄 시장인 매스티지와 브랜드 숍 점유율은 2017년 12.9%에서 2019년 8.9%로 아쉽게도 줄었네요. 전체적인 매출에서 성장하고 있다는 점이 중요하죠. 실제로 중국에서 유명한 화장품이 아모레였는데 최근에는 LG생활건강이 더 잘 나가고 있습니다.

LG생활건강이라고 하니 생활용품을 전문으로 하는 기업으로 생각했는데 음료도 팔고 화장품도 팔고 있습니다. 여기서 놀라운 사실은 LG생활건강은 생활용품으로 유명해졌을지 몰라도 실제로는 화장품 회사입니다. 그 이유는 2020년 전체 매출 구성에서 음료는 18.5%, 생활용품은 25.3%, 화장품은 56.2%입니다. 여기에 영업이익 비율을 보더라도 음료 14%, 생활용품 19.6%, 화장품 66.4%입니다. 화장품이 매출도 가장 많지만 전체 비율에서 영업이익은 더욱 많은 비중을 차지하고 있습니다.

LG생활건강은 매출 구성을 보더라도 탄탄하고 안정적이라는 걸 알 수 있습니다. 생활용품은 특별한 일 없으면 계속 사용하는 것이니까요. 양치 안 하는 사람은 없으니 말이죠. 음료는 계절적 요인에 영향을 받기는 하지만 안 마시는 분은 없습니다. 요즘은 음식과 곁들여 마시는 음료가 일상이 되었습니다. 여기에 화장품은 이미 세계적으로 한국의 화장품이 큰 사랑을 받고 있는 상황입니다. 특별한 일이 없다면 LG생활건강에서 판매하는 제품은 시간이 지나도 계속 이용할 수밖에 없습니다. 물가상승률만큼만 가격이 상승해도 기업의 이익은 늘어나는 구조죠.

한국에는 장기간 우상향하는 기업이 그다지 많지 않습니다. 수출지향국이라 한국 기업은 대부분 수출에 영향을 많이 받습니다. 매출이 전 세계 경제의 바로미터라고 할 정도로 민감하게 반응합니다. 그에 발맞춰 주가도 함께 등락을 거듭하는 경우가 보통입니다. 한국에서 과연 장기간 보유하는 것이 가당키나 할까 싶을 정도로 주가가 지속적으로 상승하는 경우는 드뭅니다. 마치 사이클이 있는 것처럼 일정 가격 올라가면 다시 내려가기를 반복합니다.

그런 점에서 LG생활건강은 2011년 매출액 3조 4561억 원에서 2019년 7조 6854억 원으로 늘어났을 뿐만 아니라 영업이익도 여기에 맞춰 3702억 원에서 1조 1764억 원이 되었습니다. 대단한 것이 이러한 매출과 영업이익의 상승에 부침이 없었습니다. 단 한 해도 줄어든 적이 없습니다. 이런 기업을 찾는 것은 결코 쉽지 않습니다. 이러다 보니 매수할 기회를 주지 않는다는 표현을 듣는 기업이 LG생활건강입니다. 실적에 비해 저평가되었을 때 매수해야 할 텐데 항상 실적에 맞는 주가가 형성됩니다.

LG생활건강에 대한 가장 큰 불만은 배당입니다. 배당을 너무 조금 줍니다. 이미 언급한 것처럼 해당 기업이 더 좋은 실적을 보여준다면 배당은 조금 주더라도 별 문제 없습니다. 주가 상승으로 보답해줄 테니 말이죠. 배당을 받는 것도 수익이지만 주가가 상승하는 것이 더 큰 이익이니 말이죠. 지금까지 실적을 통해 주가가 크게 상승했으니 배당금은 보너스로 봐야 할 듯합니다.

LG생활건강의 배당금은 2019년에 보통주가 1만 1000원이고 우선주가 1만 1050원입니다. 2019년의 평균 주가 대비 보통주 배당수익률은 0.9%, 우선주는 1.4%입니다. 미국의 유명 기업들의 배당에 비해서는 많이 적습니다. 향후 사업경쟁력 확보, 미래 성장을 위한 투자 계획 등을 위해 이런 결정을 했다고 사업보고서에서 밝히긴 했지만 아쉬운 건 아쉬운 거죠. 실제로 당기순이익에 현금 배당성향이 2018년에는 22.7%, 2019년에는 23.7%입니다. 제 눈에는 많이 적습니다. 순이익 대비로 30% 정도는 해야 하지 않을까 생각합니다. 그렇다고 LG생활건강이 갑자기 실적이 나빠지진 않을 텐데 말이죠. 어쨌든 지속적으로 눈여겨보다 주가가 빠진다 싶으면 매수하는 것도 좋은 방법이지 않을까 합니다. 이 좋은 기업을 저는 진작 팔아버렸습니다. 정말로 손가락을 잘라버리고 싶네요.

본질에 변함이 없다면 팔지 않는다
_롯데그룹

　주가가 궁극적으로 기업의 실적에 따라 움직인다는 것은 어디까지나 길게 볼 때 그렇다는 이야기입니다. 단기적으로 보면 실적과 상관없이 움직이기도 합니다. 실적이 좋아질 것이라 예측되면 주가가 상승하고, 실적이 나빠질 것이라 예상되면 하락합니다. 예상대로 진행되는 경우도 있지만 생각지도 못한 상황이 발생하는 경우도 허다합니다. 더구나 같은 현상을 두고도 사람들이 해당 기업을 어떤 관점에서 바라보느냐에 따라 달라집니다. 긍정적으로 보면 주가가 상승하고, 부정적으로 바라보면 하락합니다.

똑같은 현상이 벌어졌을 때 재미있게도 다른 이유를 댑니다. 어제 주가가 하락한 이유에 대해 환율 상승 때문이라고 합니다. 오늘 주가가 상승한 이유도 환율 상승 때문이라고 합니다. 환율 상승이라는 결과는 똑같은데 이에 대한 이유를 다르게 말하면서 주가 상승과 하락에 대해 설명합니다. 이처럼 기업의 실적과 무관하게 주가가 움직일 때가 많습니다. 이럴 때가 기회이자 위기입니다. 중요한 것은 해당 기업의 실적이고 기업의 본질이 훼손되었는지 여부입니다.

어떤 상황에 직면했을 때 해당 기업의 본질이 변한 것인지 아니면 사람들의 시선이 달라진 것인지가 중요합니다. 본질에 영향을 주는 것이라면 조심해야 하고, 그렇지 않을 때 주가가 하락했다면 눈여겨보고 매수할 기회입니다. 좋은 기업을 저렴하게 매수할 수 있다면 그보다 더 신나는 건 없죠.

지금은 고인이 된 롯데그룹 신격호 회장은 일본과 한국에서 롯데 기업을 크게 성장시켜 굴지의 대기업으로 만든 인물입니다. 말년에 치매로 판단이 흐려졌다는 이야기가 나왔습니다. 자연스럽게 후계구도가 화두가 되었죠.

장남인 신동주와 차남인 신동빈 사이에 경영권 분쟁이 일어났습니다. 장남이 아닌 차남 신동빈이 롯데그룹 회장이었습니다. 2014년에 신동주 당시 롯데홀딩스 부회장은 신격호에 의해 롯데의 모든 지위를 박탈당했습니다. 신동주는 기회를 엿보다 누나인 신영자 이사장과 아버지를 설득해서 신동빈 회장을 비롯해 이사진 6명을 해임합니다.

본격적인 왕자의 난 서막이었습니다. 신격호 회장의 총기가 사라지면서 벌어진 일이었죠. 이런 사건이 벌어지자 사람들은 롯데에 대해 의구심을 갖게 되었습니다. 저런 일이 벌어지는데 회사가 제대로 운영될지에 대해 불신이 생기면서 결국 주가가 떨어지기 시작했습니다.

우선주 이야기할 때 워런 버핏이 말한 것처럼 바보라도 운영할 수 있는 기업이 제일 좋겠죠. 그런 면에서 롯데쇼핑은 누가 회장이 되어도 기업의 운명이 변화할 가능성이 적다고 봤습니다. 회장이 정말로 뻘짓을 한다면 모를까, 물론 그럴 가능성도 있지만 롯데 정도의 재벌 기업이 그럴 일은 희박하다고 봤습니다.

어지간한 분야는 이미 사업을 하고 있고, 신사업을 하는 것도 어렵다고 판단했습니다. 물론 마음만 먹으면 할 수도 있겠지만 다른 재벌기업이 자리를 잡고 있는 분야에 뛰어들기는 힘들죠. 쉽게 접근할 수 있는 분야는 그만큼 사업이 혹시 잘못되어도 기업 자체에 타격을 줄 정도는 아니겠죠. 기존 분야에 자리 잡고 있는 기업만 잘될 수 있다고 봤습니다.

롯데쇼핑을 그런 관점에서 19만 원대에서 매수했습니다. 솔직히 장기간 기업과 동행할 생각으로 매수한 것은 아니었습니다. 단기 이벤트로 시장에서 롯데쇼핑에 대해 오해를 하고 있으니 풀릴 때까지만 보유하기로 마음먹었죠. 대략 22만 원대에 근접하면 매도할 생각으로 말이죠. 주식투자는 분명히 해당 기업과 동행하면서 실적이 상승한 만큼 투자자는 수익을 낸다는 생각으로 매수하는 것이 맞습니다. 그럼에도 가끔 이렇게 게임을 한다는 생각으로 하는 투자가 솔직히 활력소가 되기도 합니다.

매수를 한 이후에도 왕자의 난은 계속 이어졌습니다. 완벽히 결론 난 것은 아니지만 현재 신동빈 회장이 롯데그룹을 운영하고 있습니다. 이와 함께 롯데쇼핑의 주가도 역시나 사람들의 오해를 해소하면서 22만 원대로 진입했죠. 원래는 매도하는 것이 맞는데 생각한 수익구간으로 들어왔을 뿐만 아니라 배딩을 받아도 되고 주가가 더 상승하면 좋으니 좀 더 지켜보기로 했습니다. 그런데 지주회사 이벤트가 생겼습니다. 여러 회사로 분산되어 있는 롯데

그룹 계열사를 지배하는 지주회사를 만드는 거죠. 롯데쇼핑, 롯데칠성음료, 롯데푸드의 투자 부문을 합병하여 상장되었습니다. 해당 기업의 주주들에게는 롯데지주의 주식을 비율에 따라 나눠줬습니다. 한마디로 주주들 입장에서는 없던 주식이 생겼죠. 뜻하지 않게 공돈이 생긴 것이나 마찬가지가 되었습니다. 롯데쇼핑의 주가가 상승해서 수익이 났는데 롯데지주의 주가가 얼마든지 간에 없던 주식이 생겼으니 매도하면 전부 수익인 상황이 된 거죠. 굳이 팔아야 할 이유가 없어 좀 더 갖고 있다 뜻하지 않는 기회를 얻었습니다.

롯데쇼핑은 롯데백화점, 롯데쇼핑 할인점, 롯데하이마트전자제품 전문점, 롯데쇼핑과 씨에스 유통인 슈퍼, 우리홈쇼핑, 그 외에 롭스와 롯데컬처웍스 등 다양한 분야에서 영업을 하고 있습니다. 어느 정도 우리 실생활에서 밀접하게 연결된 것을 판매하는 유통업이라 할 수 있습니다. 실제로 돌아다니다 보면 롯데 관련된 매장을 많이 볼 수 있습니다.

2021년 1월 롯데쇼핑의 주가는 약 12만 원대입니다. 제가 20만 원대에 매도했는데 가격이 40% 정도 하락했습니다. 도대체 무슨 일이 벌어진 걸까요? 무엇보다 롯데쇼핑의 매출은 2017년

17조 9000억 원에서 몇 년 동안 정체되었을 뿐만 아니라 심지어 줄어들고 있습니다. 더 심각한 것은 영업이익이 해마다 줄고 있습니다. 2017년 8000억 원에서 2019년 4279억 원으로 말이죠. 게다가 당기순이익도 마이너스라는 겁니다. 이런 상황에서는 절대로 주가가 상승하기 어렵습니다.

가장 큰 이유는 최근 쿠팡 같은 이커머스의 성장이 눈부시게 빛나고 있다는 것입니다. 과거에는 직접 매장에 가서 구입했다면 이제는 노트북이나 스마트폰으로 손쉽게 쇼핑이 가능합니다. 게다가 새벽배송까지 있어 마트에 직접 가서 장을 볼 필요도 없는 시대가 되었습니다. 직접 매장에서 봐야 하는 상품은 몰라도 그 이외는 거의 대부분 인터넷으로 구매가 가능한 시대죠. 더 편리하면서 상품까지 믿을 수 있으니 오프라인 매장의 매출이 좋을 리가 없습니다. 매출은 물론이고 영업이익에 영향을 받을 수밖에 없고 결국 주가는 실적에 수렴한다는 아주 간단한 진리를 다시 확인할 수 있습니다.

처음부터 단기 이벤트로 시장의 오해를 참고 삼아 매수한 기업이라 오래 들고 있지 않을 생각이었죠. 그럼에도 2년 정도는 보유하고 있었습니다. 단기 이벤트로 투자했는데 2년씩이나 보유했으니 장기 이벤트라고 해야겠네요. 뜻하지 않게 지주회사로 분할과 합병이 되면서 생각보다 수익이 커졌습니다. 시장의 오해가 될 만한 것은 그런 면에서 자주 들여다볼 필요가 있습니다. 위기는 기회라는 표현이 딱 맞는 거죠.

렌털 산업의 특성을 알아야 한다
_웅진코웨이

    제가 어릴 때는 아무렇지도 않게 수돗물을 마셨습니다. 학교 운동장에서 뛰어놀다 목이 마르면 수돗가로 달려가 입을 대고 벌컥벌컥 물을 마셨죠. 살짝 약 냄새가 나긴 했어도 별생각 없이 먹었습니다. 집에서는 보리차를 끓여 먹기도 했습니다. 요즘은 정수기를 사용하거나 생수를 먹습니다. 정수기는 집집마다 있을 정도로 대중화되었고, 생수를 구입해서 마시는 경우도 일반적입니다. 수돗물을 마시는 집은 못 봤습니다. 좀 더 예민한 사람들은 샤워할 때도 정수기를 통해 씻죠. 화장실의 비데도 기본으로 생각합니다.

여기에 탁한 공기를 정화시키기 위한 공기청정기도 있습니다. 어느새 이런 제품들이 각 가정마다 필수품이 되었습니다. 그 덕택으로 성장한 기업이 코웨이입니다. 코웨이라고 한 것은 회사명이 자주 변경되어도 코웨이라는 브랜드는 지속했기 때문입니다.

원래 웅진코웨이라는 브랜드가 친근하죠. 웅진 윤석금 회장도 입지전적인 인물입니다. 세일즈맨으로 시작해서 기업을 일군 분이죠. 기업 확장을 하던 중에 극동건설을 인수합니다. 법정관리에 들어갔던 극동건설을 주변의 반대에도 불구하고 특유의 불도저 같은 실행력으로 인수했습니다. 부실을 정상화하는 과정에서 많은 자본이 투입되었습니다. 그 과정에서 내실을 갖고 탄탄하게 운영되던 모기업 웅진에 유동성 문제가 생기면서 위기가 찾아왔습니다. 현재 극동건설은 상장폐지되었습니다.

웅진 본사가 위험에 처해지면서 법정관리에 들어가게 됩니다. 이에 따라 회사를 살리기 위한 방법으로 알짜 회사를 전부 매각하기로 결정했죠. 결국 웅진코웨이는 사모펀드에 팔리며 코웨이라는 명칭으로 바뀝니다. 여기서 작은 힌트가 있었습니다. 웅진이 법정관리에 들어갔다는 소식과 함께 웅진코웨이의 주가가 하락하기 시작했습니다. 저는 뉴스에서 법정관리에 들어간다는 걸 알았지만 웅진코웨이 주가가 하락하는 건 이해되지 않았습니다. 웅진 계열사라는 것은 맞지만 웅진코웨이가 벌어들이는 매출은 전혀 상관없습니다.

여러분들도 집에 정수기나 연수기를 설치한 걸 생각해보시면 대부분 코디라는 분들의 강력한 요청 덕분이라는 걸 알 겁니다. 거기에 대부분 한번 정수기를 설치하면 약정 기간이 있습니다. 약정 기간 동안은 무조건 렌털비가 자동이체로 통장에서 빠져나갑니다. 심지어 웅진코웨이가 법정관리에 들어간다고 해도 가입한 고객들에게서 매월 렌털비가 빠져나가는 건 변함이 없습니다. 더구나 중간에 해지하면 위약금이 있어 어지간한 분들은 쓰던 정수기를 계속 쓸 수밖에 없습니다.

갑자기 매출과 영업이익이 줄어들 이유가 없다는 거죠. 사실 약정 기간이 끝나도 계약을 끝내는 게 쉽지 않습니다. 코디 분들이 새로운 제품을 더 이용하라고 적극적으로 권유합니다. 만약 더 이상 안 하겠다고 하면 코디 분들의 영업력이 본격적으로 발휘됩니다. 엄청 어렵다는 걸 깨달은 분들이 많을 겁니다. 이런 상황에서 웅진코웨이도 아닌 웅진이 법정관리에 들어갔다고 주가가 하락하는 건 과도하다고 봤습니다. 매출과 영업이익이 줄어들 수는 있어도 아주 미미할 것이라 판단했죠.

여기까지 제가 떠올린 아이디어는 좋았습니다. 어느 정도의 주가에 매수하느냐가 관건이었죠. 당시 주가가 일주일 동안 무려 40%나 하락했습니다. 여기서 저는 매수 타이밍을 노리면서 너무 큰 욕심을 냈습니다. 주가가 반토막이 되면 사려고 했던 거죠. 결국 매수도 못 하고 입맛만 다시게 되었습니다. 기다리다 다시 상승했을 때도 매수하면 됐는데 제가 정한 금액이 있다 보니 욕심이 일을 그르친 거죠. 단기간에 수익을 낼 수 있는 차익거래가 될 수 있었는데 기회를 못 살렸습니다. 시장의 오해를 근거로 투자 아이디어를 실현할 수 있었는데 그렇지 못했습니다.

그렇게 웅진코웨이는 코웨이로 사명을 변경하고 제 기억에서 잊혔습니다. 그런데 어느 날 잊고 있던 코웨이가 다시 뉴스를 장식하게 되었습니다. 웅진이 정상화가 되자 윤석금 회장은 다시 코웨이를 인수하겠다고 발표했습니다. 자신이 가장 아끼던 계열사였는데 눈물을 머금고 넘긴 것이 억울했던 모양입니다. 실제로 코웨이는 딱히 대단한 기술을 필요로 하는 것도 아니고 렌털이 핵심이죠. 꾸준히 안정적으로 캐시카우 역할을 할 수 있는 훌륭한 기업입니다. 특별한 일이 없다면 다음 달에 들어올 현금흐름을 예측할 수 있습니다. 그만큼 내실이 탄탄한 기업이라는 거죠.

정작 시장에서는 이를 좋게 받아들이지 않았습니다. 웅진이 다시 인수한다는 부분에 있어 부정적으로 반응했습니다. 저 역시 뉴스를 보자마자 예전 기억을 떠올리며 달라진 점이 전혀 없다고 생각했습니다. 코웨이에서 웅진코웨이로 사명이 변경되는 것 외에 딱히 달라진 것도, 달라질 것도 없었습니다. 심지어 원래 웅진 계열사였으니 기업 문화가 달라질 리도 없고요. 융합에 따른 부작용도 딱히 있을 것 같지는 않았습니다.

물론 웅진이 다시 인수하면서 그 대금을 어떤 식으로 마련할 것인지에 대한 염려가 있었습니다. 일단 코웨이를 인수한 후에 부족한 자금을 마련하기 위해 웅진이 아닌 코웨이를 통해 뭔가 하지 않겠느냐는 우려가 이해는 되었습니다. 그래도 당시 하루에 가격 제한폭까지 하락했으니 과도한 반응인 거죠. 그 덕분에 좀 더 편안하게 매수할 수 있었습니다. 매수 가격에 대한 욕심을 크게 갖지 않고 말이죠. 대략 9만 원대였던 주가였으니 6만 원대에서 매수하면 충분하다고 봤습니다. 실제로 6만 원대에 매수했고 최종적으로 9만 원 정도에서 매도를 생각했습니다.

말도 많고 탈도 많았지만 코웨이는 결국 웅진코웨이가 되었습니다. 여기서 더 재미있는 일이 벌어졌습니다. 웅진코웨이가 인수한 지 얼마 되지 않아 또다시 웅진에게 위기가 찾아왔습니다. 많은 사람들이 염려했던 유동성 문제가 대두되었습니다. 역시나 이번에도 웅진코웨이를 매각하기로 결정합니다. 코웨이라는 회사가 워낙 탄탄하니 이런 일이 벌어진다고 생각할 수도 있겠죠. 서로 탐을 내는 기업이니 말이죠.

또다시 웅진코웨이가 시장에 나왔습니다. 이때 등장한 기업이 넷마블이었습니다. 워낙 좋은 기업이니 다양한 기업들의 이름이 오르내렸는데 게임 기업인 넷마블이 인수전에 참여해서 인수했습니다. 넷마블은 원래 넥슨이라는 게임 기업을 인수하려 했습니다. 넥슨의 김정주 회장이 더 이상 게임 기업을 운영하지 않겠다며 매각 의사를 발표했습니다. 워낙 덩치가 큰 회사라 쉽게 아무나 인수할 수 없었기에 넷마블이 준비를 했습니다. 많은 자본을 갖고 있어야 가능했죠. 이를 위해 넷마블이 돈을 준비하고 있었는데 돌연 넥슨이 매각을 철회했습니다.

넷마블 입장에서는 상당히 많은 자금을 갖고 있었는데 아무것도 할 게 없었던 거죠. 게임 회사의 특성상 비용이 그렇게 많이 나가진 않습니다. 제일 많은 부분은 인건비와 게임을 만들기 위한

R&D라고 할 수 있습니다. 이런 회사가 코웨이를 인수하니 시장에서도 다소 의아하게 생각했습니다. 넷마블은 보유한 현금을 갖고 있는 것보다는 투자를 결정한 것이고 마침 매물로 나온 코웨이를 인수하기로 결정했습니다.

무엇 때문에 넷마블이 코웨이를 인수했는지는 아직도 명확하지 않습니다. 추측하기로는 코웨이의 가장 큰 장점인 렌털에 따른 고정 고객입니다. 신규 고객도 창출해야 하지만 기존 고객이 이미 꾸준하게 정수기, 연수기 등을 구독하고 있는 거죠. 이 고객들에게 자사의 게임과 연관된 마케팅이나 색다른 접근을 통한 판매를 모색했던 것이 아닐까 합니다. 예를 들어 게임 관련 회사지만 인공지능 스피커를 코웨이 렌털 고객에게 구독하게 할 수도 있겠죠. 일견으로는 단순히 투자를 위한 목적으로 인수한 후에 가치를 올려 다시 매도할 것이라는 의견도 있긴 합니다.

현재는 웅진코웨이에서 다시 코웨이가 되었습니다. 코웨이는 여전히 렌털로 매출이 발생되고 이익을 내고 있습니다. 매출도 2017년 2조 5168익 원에서 2019년 3조 189억 원으로 늘었습니다. 대신 영업이익이 4727억 원에서 4583억 원으로 줄어들어 아쉽긴 합니다만 2020년에는 5000억 원대의 이익을 낼 예정이니 정상궤도에 올랐다고 해야겠죠. 코웨이 기업이 갖고 있는 렌털 산업의 특성상 폭발적으로 매출이 성장하거나 이익을 낼 가능성은 극히 희박하지만 꾸준한 실적을 낼 것은 확실합니다.

저는 처음 매수할 때부터 갖고 있던 아이디어처럼 9만 원대에 매도를 결정했기에 기쁜 마음으로 내려놓았습니다.

착각은 잃기도 하고 벌기도 한다
_샘표식품

신문을 보다 우연히 발견한 기사가 있었습니다. 간장에 대한 이야기였습니다. 일본의 간장 회사인 깃코만에 대한 소개였는데 일본에서는 물론이고 세계 수출로 상당한 실적을 올리고 있다는 내용이었습니다. 기사를 읽을 때만 해도 아직까지 한국에 일본 간장이 그다지 보급되지 않았습니다. 지금은 일본 음식 파는 식당이 많지만 당시만 해도 거의 없다 보니 일본 간장을 먹어본 적이 없었습니다. 그렇다고 해도 제 생각에 한국도 아주 오래전부터 간장을 먹고 있었는데 맛이 떨어질 리 없다는 생각이 들었습니다.

한국에서 간장 하면 바로 샘표죠. 샘표식품의 샘표 간장은 평소에 먹던 간장이었습니다. 샘표식품은 한국에 상장되어 있는데 일본 간장과 맛에서 얼마나 차이가 날까 했습니다. 향후 수출이 지금보다 더 본격적으로 된다면 실적이 더 늘어나지 않을까라는 생각도 했습니다. 한국 간장이 뒤처질 이유는 하나도 없다고 생각을 한 거죠. 그런 이유로 2015년 당시 깃코만의 시가총액이 4조 5000억 원대였고 샘표식품은 1100억 원대라서 충분히 발전 가능성이 크다고 판단했습니다.

샘표식품은 국내에서 대상과 함께 경쟁을 하고 있는 중입니다. 시장점유율은 샘표식품이 50% 이상을 차지할 정도로 확고한 시장 지배력이 있습니다. 그에 비해서 수출은 아주 미미했습니다. 간장만 놓고 볼 때 내수에 비해 수출은 10분의 1도 안 되는 실정이었습니다. 나쁘게 볼 때 이래서 실적이 좋아지겠냐는 생각을 할 수 있습니다. 내수 시장이 더 커지기는 분명히 힘들 테니 말이죠. 반대로 볼 때 지금 수출이 바닥이니 갈수록 좋아진다면 그에 따라 실적이 올라 주가도 상승할 가능성이 높다고 봤습니다.

당시에는 '연두해요~~'라는 노래와 함께 새롭게 론칭한 요리 에센스 연두에 대한 기대도 있었습니다. 간단한 분석으로 적정주가에 비해서 꽤 저렴하게 주가가 형성되어 있다고 판단했습니다. 이런 내용을 당시 블로그에 썼더니 매수하겠다는 분들도 있었습니다. 그런 목적은 아니었는데 하다 보니 그렇게 되었습니다. 다행히도 시간이 지나 실제로 샘표식품은 가격이 상승했죠. 덧글을 달았던 분 중에 한 분이 고맙다고 연락을 했습니다. 덕분에 수익을 내서 감사의 표시를 하고 싶다며 점심 대접을 하겠다고 하시더라고요. 문제는 제가 서울에 사는데 청주로 올 때가 있으면 대접하겠다고 하여 웃고 넘어갔습니다.

샘표식품의 아이디어는 수출이었는데 뜻하지 않게 가격이 꽤 상승해 매도했습니다. 그 이후 잊고 있었는데 샘표식품도 지주회사를 만드는 열풍이 있을 때 동참하더군요. 지주회사인 샘표와 판매회사인 샘표식품으로 분할을 진행 중에 있었습니다. 제 기억에 이런 식으로 재상장을 하면 보통 판매회사의 주가가 상승하더라고요. 일주일 정도의 기간을 놓고 상승하면 매도하고 나오자는 생각을 했습니다. 가끔 투자보단 게임이나 투기처럼 트레이딩으로 접근하기도 합니다.

이 기업은 제가 후천적 부자 월 모임에서 이야기했습니다. 한 달에 한 번씩 만나 이야기하는 모임이었습니다. 마침 토요일에 하는데 그 다음 월요일이 재상장하는 날이었습니다. 그런 이유로 샘표식품에 대해 언급하며 나를 믿지 말고 구입할 사람은 매수하라고 했습니다. 큰 금액을 투자하지 말고 소액으로 소소하게 수익 나면 팔고 나오라고 말이죠. 다소 재미 삼아 이야기한 것이고 딱히 샘표식품을 매수할 것처럼 보이는 분도 없었습니다.

다시 재상장하는 날이 되어 저는 샘표식품을 매수했습니다. 시작하자마자 가격이 하락하더군요. 원래 주가는 그런 식으로 움직일 수 있으니 지켜보기로 했습니다. 전혀 움직임이 없더라고요. 상승할 기미는 보이지 않고 하락만 거듭했습니다. 제 손실보다는 혹시나 저를 믿고 매수한 사람이 있으면 어떻게 하나 염려가 되었습니다. 충분히 설명했고 내 생각과 달리 움직일 수 있다고 했지만 말이죠. 그럼에도 무턱대고 매수한 사람이 있으면 큰일인데 하는 걱정이 컸습니다. 다행히도 매수한 분이 없는지 연락이 없었습니다.

이런 안도감도 잠시, 아니다 다를까 어떤 분이 연락을 했습니다. 매수한 분이 나타난 거죠. 저는 처음부터 일주일이라는 기간을 정해놓고 투자한 것이라 며칠 동안 가격이 떨어지기에 더 이상 미련을 갖지 않고 매도했습니다. 한마디로 손해 확정이 되었습니다.

그런데 저에게 연락한 분이 고맙다고 인사를 하는 겁니다. 분명히 저처럼 월요일에 매수했다면 손해를 봤을 텐데 고맙다니 어찌된 영문인지 궁금했습니다. 몇 달 지나 연락이 온 것도 아니고, 실제로 수익을 냈다니 의아했습니다. 사연은 그랬습니다. 저는 분명히 샘표식품을 매수하라고 알려줬는데 그분은 샘표를 매수했습니다. 이번에는 매출회사가 아닌 지주회사가 상승한 거죠. 늘 착각은 돈을 잃게 만들기도 하지만 뜻하지 않은 수익을 내기도 합니다.

이런 상황이 앙드레 코스톨라니에게도 있었습니다. 그는 해운 회사의 시대가 될 것이라는 판단으로 오세아닉이라는 회사에 투자했습니다. 그런데 생각과 달리 주가는 떨어졌습니다. 문제는 그 돈이 자기 돈이 아닌 공금이었다는 것입니다. 그렇다 보니 돈을 다시 돌려줘야 하는 자금 압박 상황이 되었습니다. 이에 앙드레 코스톨라니는 사촌 여동생의 예금을 해약해 급한 불을 끕니다. 다행히도 얼마 지나지 않아 오세아닉 회사는 주가가 상승해서 아주 큰 수익을 내고 매도했습니다.

여기까지라면 무척이나 해피엔딩이긴 하지만 다소 웃긴 상황이 있었습니다. 나중에 알고 보니 오세아닉은 해운 회사가 아닌 통조림 회사였습니다. 완전히 착각에 따른 잘못된 투자였는데도 불구하고 수익을 낸 거죠. 이렇게 볼 때 굳이 제대로 된 정보와 분석이 필요할까 하는 생각마저 듭니다. 이처럼 제 이야기를 잘못 들은 그분은 샘표 회사를 매수해 꽤 큰 수익을 냈습니다.

샘표식품은 그 이후로 그다지 주가가 좋은 상황은 아니었습니다. 일정 금액에서 계속 맴돌고 있었으니 말이죠. 그럼에도 매출과 이익은 꾸준히 증가하고 있습니다. 내수에 비해 수출이 적다고 말한 부분도 많이 개선되었습니다. 내수도 거의 미미해 비중이 얼마 안 되던 수출 비중이 이제는 거의 10분의 1까지 상승했습니다. 내수 시장의 매출도 증가했으니 느린 듯하지만 꾸준히 수출이 늘어나고 있는 건 맞습니다.

그 덕분에 최근 샘표식품의 주가도 저 멀리 가 있던 개가 산책하는 주인 옆으로 오는 것처럼 기업 실적에 연동되어 상승했습니다. 화끈한 주식은 아니지만 꾸준히 실적이 상승하는 기업은 맞습니다. 먹거리 회사의 특징은 화려한 실적을 보여주는 것도 아니고 미래에 대한 엄청난 기대를 갖게 하지도 않습니다. 그렇다고 우리가 간장을 안 먹을까요. 시간이 지나도 간장을 먹는 생활 패턴은 바뀌지 않을 겁니다. 느린 듯하지만 꾸준히 매출이 늘어나면서 그에 따라 이익이 상승한다는 점은 확실합니다.

주식투자자 입장에서 뭔가 화끈한 주가 상승을 노린다면 매수 버튼을 누르기 쉽지 않은 기업이죠. 선택은 각자의 몫입니다. 사람마다 자신의 투자 성향에 따라 투자하는 기업은 다르니 말이죠.

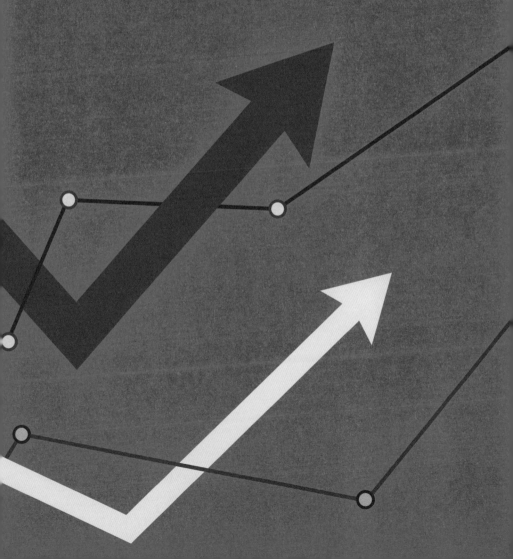

4.
자신의 경험과 지식을
자산으로 만들자

1인 가구 600만 시대, 그들이 자주 가는 곳 _____

어릴 적 가장 부러웠던 친구는 구멍가겟집 아들이었습니다. 녀석이 과자를 들고 나올 때면 너무나 부러웠죠. 언제든지 먹고 싶은 과자를 마음껏 먹을 수 있다는 게 어린 마음에 '저기가 천국이구나' 싶었습니다. 이런 동네 구멍가게는 어느 순간부터 거의 사라졌습니다. 지금은 편의점이라는 곳으로 대부분 대체되었습니다.

제 기억에 처음은 세븐일레븐이 아니었나 생각합니다. 뭔가 신기한 느낌이 들었습니다. 사실 구멍가게는 친근하지만 디스플레이나 청결 면에서 다소 떨어지는 편이죠. 편의점은 그런 점에서 한눈에 봐도 믿을 만했습니다. 편의점이 처음 생겼을 때는 쉽게 볼 수 없었습니다. 시간이 지나며 점차적으로 곳곳에 많이 생겼습니다. 예전 구멍가게들은 전부 편의점으로 바뀌었습니다. 무엇보다 많은 사람들이 편의점을 더 선호한 게 가장 큰 이유가 아닐까 합니다. 그런 이유는 청결도 있겠지만 다양한 상품 구성이 사람들의 이목을 집중시켰기 때문입니다. 여기에 결정적으로 대중화시키고 사람들을 오게 만든 것은 바로 매장 안이나 밖에서 가볍게 음식을 즐길 수 있었다는 점입니다.

구멍가게는 원하는 물건을 사면 곧장 나가지만 편의점은 그렇지 않습니다. 컵라면을 구입해서 다른 곳에 갈 필요 없이 매장 내에서 뜨거운 물을 부어 먹을 수 있습니다. 매장 내에 먹을 수 있는 공간이 있습니다. 서서 먹을 수 있는 공간도 있지만 탁자와 의자가 있어 앉아서 먹을 수도 있습니다. 젊은 청춘들에게는 더욱 선호하는 장소가 될 수밖에 없습니다. 여기에 매장 앞에도 먹을 수 있는 공간을 확보해 편의점에서 구입한 간단한 음식과 주류를 즐기며 담소를 나눌 수 있게 했죠.

이런 편리성까지 합쳐지면서 편의점은 대중화되었고 이제는 없는 곳이 없습니다. 이런 곳에도 편의점이 있을까 하는 장소에도 어김없이 나타나 깜짝 놀랄 때도 많습니다. 저도 원래는 편의점을 굳이 이용하는 편은 아니었습니다. 지금은 편의점뿐이 없으니 갈 수밖에 없지만 말이죠. 간다고 해도 딱히 편의점을 골라 가지 않았습니다. 편의점 브랜드가 무엇인지 중요하게 여기지 않고 갔죠. 저와 달리 10대에서 20대는 편의점도 브랜드를 따지면서 간다는 걸 알았습니다.

어느 날 동네에 GS25가 생기니 아이들이 그곳으로만 간다는 걸 알게 되었습니다. 또 20대 친구와 이야기를 나누던 중에 혼자 살고 있는데 편의점을 주로 GS25만 간다고 하더군요. 그 이유는 상품 구성의 다양성이었습니다. 다른 편의점에 비해 GS25가 매장 구성이 훨씬 다채롭고 다른 곳에서는 팔지 않는 자체 상품이 많았습니다.

이런 사실을 듣기 전에는 전혀 알지 못했는데 깨닫고 보니 실제로 GS25는 매장이 다소 작더라도 그런 구성이 보이더군요. 한참 편의점 도시락 열풍이 불 때 모든 편의점이 서로 자신의 브랜드에 맞는 도시락을 출시했습니다. 이에 따라 도시락 때문에 편의점을 선택할 정도였죠. 이런 식으로 편의점을 선택하는 데 있어 저와 같은 사람과 달리 유행에 민감한 아이들은 주로 GS25를 택한다는 걸 알게 되었습니다.

　사실 편의점의 가장 큰 매출 효자는 담배입니다. 담배권이라 불리는 권리가 있는 편의점과 없는 편의점은 매출이 확연히 다르다고 합니다. 담배 가격 자체는 얼마 하지 않지만 담배와 함께 여러 가지 군것질거리를 산다고 하더군요. 편의점 매출에서 담배가 절대적인 영향력을 미치지만 그걸 제외한다면 상품 디스플레이와 다양한 구성이 모객 효과가 큽니다. 이런 아이디어를 갖고 GS25를 보게 되었습니다.

　GS25는 GS리테일로 상장되어 있습니다. 그 이유는 편의점만 운영하는 기업이 아니기 때문입니다. 편의점뿐만 아니라 삼성동에 있는 인터컨티넨탈 호텔을 운영하고 있습니다. 한국에 있는 대부분의 호텔 이름은 외국 호텔 체인점처럼 보입니다. 실제로는 국내 대기업이 운영하면서 네이밍만 브랜드 값을 지불하고 있습니다. 아마도 대기업이 문어발처럼 다 한다는 이미지가 있어 그런 듯합니다. 또 호텔은 일반인에게 노출이 쉬운 업종이라 주목을 피하려고 그런 듯도 하고요. 또 비즈니스 호텔인 나인트리도 운영하고 있습니다.

　그 외에 헬스앤뷰티와 관련되어 랄라블라도 운영하고 있습니다. 이건 CJ가 운영하는 올리브영을 생각하면 됩니다. 원래 영국의 왓슨스를 국내에 들여왔는데 인수한 후에 랄라블라로 이름을 변경했습니다. 저는 롭슨이 더 느낌이 좋은데 말이죠. GS슈퍼마켓도 있고요. 이런 유통업을 위해서는 물류가 중요하죠. 이를 위해서 GS네트웍스를 통해 물류 사업을 하고 있습니다. 지속적으로 물류가 원활히 유통되지 않으면 큰일이죠. 그 외에도 꽤 많은 사업이 종속되어 있습니다.

편의점은 2017년까지는 해마다 점포 수와 매출이 10%씩 상승했습니다. GS25, CU, 세븐일레븐, 미니스톱, 이마트24 등이 현재 있습니다. 이중에서도 GS25, CU, 세븐일레븐이 3강의 모습을 보이고 있죠. 2019년 기준 운영 점포 숫자로는 GS25가 약 32% 수준으로 CU와 함께 업계 1위를 다투고 있습니다. 실제로 주변에도 편의점이 과거에 비해 많이 생겼고요. 이런 와중에 문제가 터졌습니다. 그것은 바로 편의점과는 전혀 상관없을 것 같았던 최저임금 이슈였습니다. 최저임금이 2018년 16.4%, 2019년 10.9% 상승했습니다. 최저임금의 갑작스러운 상승에 따라 편의점의 비용이 늘어난다는 우려가 생겼습니다.

편의점은 사장이 혼자 하는 것이 아니고 알바생을 씁니다. 알

바생에겐 최저임금 이상은 줘야 합니다. 이런 상황에서 최저임금이 매년 10% 이상 상승을 하니 매출이 그에 맞춰 상승하지 않는다면 비용 압박이 심해지죠. 이에 따라 편의점에 대한 실적을 부정적으로 보게 되었습니다. 주식이란 거의 대부분 미래를 선반영하는 경우가 많습니다. 지금까지 실적이 좋았다고 하더라도 향후 실적 하락이 예상된다면 미리 주가에 반영됩니다. 반대로 볼 때 당장은 실적이 별로 없어도 본격적인 실적 상승이 예상된다면 주가는 미리 상승합니다.

이런 이유로 어닝서프라이즈와 어닝쇼크라는 표현이 나옵니다. 각 증권사에서는 기업에 대한 예측을 합니다. 과거의 실적과 기업이 발표한 다양한 자료를 근거로 분기당 예상 매출과 이익을 발표합니다. 특별한 일이 없으면 거의 비슷한 매출과 이익이 나옵니다. 이에 반해 각 증권사의 예측보다 실적이 훨씬 좋으면 어닝서프라이즈로 주가가 급등하는 경우도 있습니다. 어닝쇼크가 된다면 주가가 큰 하락도 합니다.

이처럼 GS25가 편의점이라 최저임금에서 자유로울 수 없을 뿐만 아니라 직격탄을 맞을 가장 직접적인 업종이 되었습니다. 사람들은 전망을 부정적으로 보면서 매도하기 시작했습니다. 주가는 그로 인해 하염없이 하락했습니다. 이건 시장의 오해는 아니었습니다. 미리 선반영된 주가처럼 2017년 영업이익은 전년에 비해 무려 24%나 하락했습니다. 저는 그나마 다시 상승해서 제가 매수한 금액 비슷한 주가에 조금 손해를 보고 매도했습니다. 좀 더 길게 볼 때 분명히 다시 좋아질 가능성은 크지만 기다림의 시간이 꽤 길어질 것이라는 것이 눈에 보여 선택한 결정이었습니다.

그 후로도 매출은 지속적으로 상승했고 영업이익도 다시 2016년을 능가했습니다. 2020년은 물론이고 2021년에도 매출과 이익은 과거의 불확실성을 다 제거하고 갈수록 더 좋아질 것으로 예상되고 있습니다. 이제는 다시 관심을 갖고 지켜봐도 되지 않을까 합니다. 편의점은 이제 우리 생활에서 없어서는 안 될 매장이니 말이죠. 거기에 이미 일본이 선점하긴 했어도 동남아를 비롯한 외국으로 매장을 늘리고 있으니 말이죠.

방탄은 못 잡지만
○○○이라도

　현재 전 세계적으로 방탄소년단의 인기는 상상을 초월합니다. 처음부터 그랬던 것은 분명히 아니었습니다. 처음에 방탄이 나왔을 때 남자 아이돌 그룹이 하나 더 나왔다는 정도였습니다. 초창기에는 지금과 같은 느낌도 살짝 아니었고요. 보통 데뷔곡으로 크게 성공하는 경우도 있지만 방탄은 그렇지도 않았습니다. 이렇게 이야기하는 것도 방탄이 유명해졌으니 기억하는 것일 뿐 데뷔할 때와 1년 차 정도 활동할 때, 다른 사람은 몰라도 저에게는 인지도 자체가 미미했습니다.

저는 〈불타오르네〉라는 노래부터 제대로 인지하게 되었습니다. 어느 순간 방탄은 SM엔터테인먼트의 엑소(EXO)와 경쟁하는 아이돌 그룹처럼 보였습니다. 국내에서는 거의 원탑이었던 엑소와 함께 엠넷 아시안 뮤직 어워드에 출연한 적이 있었습니다. 두 그룹이 서로 상을 나눠 가지며 우열을 가리기 힘들어 보였습니다. 각 팬덤은 서로 자신이 좋아하는 그룹이 나왔을 때 열렬히 열광하며 경쟁이 장난 아니었습니다. 그랬던 방탄이 지금은 전 세계적으로 아미(army)라 불리는 어마어마한 팬덤을 몰고 다니죠.

방탄처럼 대단한 아이돌 그룹이 있다면 그에 따라 매출과 수익이 장난 아니라는 걸 예측할 수 있습니다. 당연히 투자하고 싶죠. 어떤 기업은 투자하고 싶어도 할 수 없는 경우가 있습니다. 모든 회사는 법인 형태라 주식이 있긴 하지만 유통되는 경우는 극히 희박합니다. 상장이 되었을 때 쉽게 거래가 됩니다. 그 전에는 비상장이라 알음알음 매수할 수 있다고 보면 됩니다. 이마저도 정말 좋은 기업이라면 어느 누구도 자신이 보유한 주식을 내놓지 않습니다. 알짜 기업 중에는 상장되지 않고 비상장으로 머물고 있는 회사도 많습니다. 상장하면 사장 입장에서는 귀찮은 것도 많고, 신경도 더 써야 하며 규제도 더 엄격해질 테니 말이죠.

방탄이 속한 기획사는 빅히트엔터테인먼트로 대표이사는 방시혁입니다. JYP엔터테인먼트의 박진영과 함께 많은 히트곡을 제조했던 프로듀서였습니다. 독립해서 차린 기획사였는데 방탄이라는 대박을 터뜨렸죠. 빅히트가 상장되었다면 너무 좋은데 그렇지 못하니 입맛만 다셔야 했습니다. 방탄소년단과 빅히트엔터테인먼트에 대한 이야기는 여기까지 하겠습니다. 투자할 수 없으니 포기해야죠. 하지만 우회로 투자하는 방법도 있었습니다.

그중에 넷마블이라는 기업이 있습니다. 앞에서 코웨이 이야기 때 나온 기업입니다. 현재 코웨이를 소유하고 있는 모기업이죠. 뜬금없이 넷마블이 여기서 나오니 의아할 수 있을 겁니다. 분명히 게임 만드는 기업으로 알고 있는데 여기저기 안 끼는 곳이 없다는 생각마저 드네요. 재미있는 점은 넷마블이 씨제이이엔엠과도 연결되어 있다는 것입니다. 예전에 씨제이이엔엠에 속한 기업이었습니다. 분할 신설되면서 상장해 현재의 넷마블이 되었습니다.

주로 모바일 게임과 퍼블리싱 사업을 하는 기업입니다. 게임을 안 하시는 분들은 잘 모르겠지만 모바일 게임만 해도 종류가 무척 많습니다. RPG, 캐주얼 게임, 액션·스포츠 게임, 전략·시뮬레이션 게임, 소셜 카지노 게임 등이 있습니다. 그 외에도 온라인 게임, 콘솔 게임, 아케이드 게임 등도 있습니다. 이 회사에서 만든 게임 중에 가장 유명한 게임은 '모두의 마블'입니다. 잘 모르시는 분들은 블루마블을 떠올리면 됩니다.

본격적인 넷마블에 대한 분석을 당연히 해야겠지만 지금은 방탄이 속한 빅히트엔터테인먼트와의 연결고리를 찾기로 합니다. 이런 모든 것들은 언제나 해당 기업의 사업보고서에 들어가면 나와 있습니다. 넷마블이 2018년 4월 4일에 빅히트엔터테인먼트 지분 25.71%를 취득했다고 공시했습니다. 빅히트의 4분의 1을 보유하고 있는 거죠. 계약 금액은 2014억 원입니다. 그렇게 볼 때 2018년 4월 당시에 빅히트의 가치는 약 8056억 원이라는 계산이 나옵니다.

그로부터 시간이 더 지났고 방탄소년단의 인지도와 영향력은 물론이고 콘서트와 음원에 따른 매출과 수익은 더 늘어났을 테니 평가금액도 늘었겠죠. 1조 원이 넘지 않을까 싶습니다. 현재 상장된 3대 연예기획사의 시가총액이 각각 1조 원 내외입니다. 그렇게 볼 때 빅히트가 상장한다면 꽤 상당한 시가총액으로 데뷔하지 않을까 합니다. 기업 상장 시 공모가가 대략 3~4조 원이나 되니 말이죠. 그렇다면 무엇 때문에 빅히트와 넷마블은 협력한 걸까요?

두 기업이 결정한 이유는 사업적 시너지 증대를 통한 전략적 투자라고 되어 있습니다. 빅히트 입장에서는 방탄을 제대로 케어하고 더 많은 사업을 하기 위해서는 자본이 필요했습니다. 매출 증대를 위해서는 투자를 해야죠. 투자를 위해서는 돈이 필요합니다. 좋은 방법 중 하나는 보유 주식을 매도해서 자금을 확보하는 거죠. 넷마블 입장에서는 방탄이라는 훌륭한 아이템을 사용하고 싶었을 겁니다. 실제로 방탄을 소재로 한 캐주얼 게임을 만들었습니다.

방탄 멤버의 육성 게임이었는데 엄청난 기대와 함께 출시되었지만 아쉽게도 폭망했습니다. 전 세계 아미만을 상대로 선택받아도 되었는데 안 된 거죠. 그로 인해 그 후 연이어 출시하려 했던 방탄 관련 게임은 무기한 연기되었습니다. 제대로 된 게임을 만들지 못해 오히려 아미들의 원망만 받았으니 말이죠. 좋은 게임을 만들면 전 세계적으로 큰 인기를 얻을 수 있을 것이라는 기대는 여전히 크게 갖고 있습니다.

서로 윈윈 할 수 있는 선택이었습니다. 그렇다 해도 빅히트 입장에서 자신의 지분을 넘겨준다는 것은 쉽지 않은 일입니다. 무려 25%나 되는 지분이라면 회사를 좌지우지할 수도 있으니 말이죠. 지분을 넘겨도 믿고 맡길 수 있어야 합니다. 비밀은 바로 빅히트의 방시혁 대표이사와 넷마블의 방준혁 대표이사가 사촌지간이란 것입니다. 서로가 상대방을 그나마 믿고 지분을 주고받을 수 있었겠죠. 또한 빅히트 입장에서도 방탄소년단이라는 가치를 훼손하지 않으면서 수익모델을 창출할 수 있을 것이라고 보지 않았을까요.

현재 빅히트엔터테인먼트는 상장을 준비 중에 있습니다. 실제로 상장하면 6조 원의 가치가 있다는 평가가 있습니다. 넷마블이 매수할 때에 비해서 무려 7배도 넘게 상승했습니다. 평가금액이고 예측일 뿐이라 무의미하겠지만 충분히 상장에 따른 수익을 낸다는 건 확실합니다. 2조만 된다고 해도 빅히트 투자 대비 수익률이 100%가 넘으니 말이죠. 실제로 공모가를 볼 때 최소한 300% 수익이 확정적입니다. 현재 넷마블의 시가총액에 이런 것은 전혀 반영되지 않았습니다. 빅히트가 상장된다면 지분을 25%나 갖고 있는 넷마블에게는 엄청난 이득이 되겠죠.

물론 상장된 주식의 25%나 지분을 갖게 되지는 않을 겁니다. 상장 주식수를 어떻게 하느냐에 따라 지분율은 조금 달라질 테니 말이죠. 빅히트와 관련 되었다는 소문만으로도 관련주로 해당 기업의 주가가 움직이는 경우도 왕왕 있습니다. 그렇게 볼 때 넷마블은 소문이 아니라 빅히트와 관련된 가장 확실하면서도 직접적인 관련주인데도 주가는 다소 굼뜨고 있습니다. 사실 중요한 것은 넷마블은 게임 회사라는 겁니다. 게임 회사 본연의 실적이 좋아야만 주가도 함께 갈 수 있는 거죠.

최근 넷마블의 실적은 다소 지지부진한 측면이 있습니다. 빅히트의 상장은 가능성의 영역이었습니다. 빅히트가 상장되고 이번에는 절치부심으로 방탄소년단과 관련된 게임이 제대로 대박이 난다면 주가는 상승할 수밖에 없습니다. 너무 희망적인 것 같지만 충분히 가능한 시나리오입니다. 주식투자에서 중요한 것은 과거부터 지금까지의 실적입니다. 얼마나 꾸준한 실적을 보여주느냐는 해당 기업의 미래를 예측할 수 있게 만들어줍니다. 이와 함께 아직 실현되지 않았지만 곧 실현 가능하다고 사람들이 깨닫게 되면 그때부터 주가는 본격적으로 상승합니다.

방탄 팬이 투자하려면 빅히트엔터테인먼트뿐이 없습니다. 이에 대한 대안으로 넷마블은 좋은 선택이 될 수 있습니다. 다소 예상치 못한 기업이 이런 식으로 서로 엮여 있는 경우가 많습니다. 여기에 넷마블의 실적까지 좋아진다면 일거양득이겠죠.

이렇게 쓴 후에 실제로 빅히트엔터테인먼트가 상장을 준비하고 상장 날짜까지 잡혔습니다. 공모가가 최대 주당 13만 5000원입니다. 이와 함께 넷마블의 주가도 상승하기 시작했습니다. 빅히트 엔터테인먼트가 상장한다는 이야기가 나온 8월부터 본격적으로 상승이 시작되었습니다. 짧은 기간 동안 50% 이상 주가가 상승했습니다. 큰 그림을 그리고 기다린 보람이 있었습니다. 물론 넷마블은 빅히트엔터테인먼트뿐만 아니라 카카오게임즈의 지분도 일부 갖고 있었습니다.

누가 뭐래도 제일 중요한 것은 해당 기업의 실적이죠. 넷마블의 분기 실적도 2020년 2분기에 전 분기는 물론이고 전년 동기 대비보다 다 좋아졌습니다. 주가가 상승할 수밖에 없는 모든 요건을 갖췄습니다. 이에 따라 빅히트는 2020년 10월 15일에 상장을 했습니다. 상장 당일 엄청난 시세 분출을 한 후에 주가는 떨어졌습니다. 넷마블도 마찬가지로 상장 전 9월 7일에 20만 원 정도까지 최고가를 찍은 후 2021년 1월에 약 12만 원대에 주가가 형성되어 있습니다. 넷마블이 빅히트 상장 전에 주가가 떨어진 걸 보면 빅히트의 주가도 하락을 예상할 수도 있었습니다. 이벤트는 이벤트로 접근하는 것이 맞습니다. 빅히트의 상장을 기다리며 보유했던 전 알찬 수익을 냈었네요.

가장 신뢰할 수 있는 사업보고서, 무엇을 봐야 할까

관심을 갖게 된 기업에 대해서는 사업보고서보다 분명하고 확실한 건 없습니다. 사업보고서는 1년에 한 번씩, 분기 보고서는 분기마다 해당 기업이 자신에 대해 사람들에게 알려주는 거의 유일한 공식 자료입니다. 어느 누구나 쉽게 접해볼 수 있을 뿐만 아니라 사업보고서에 잘못된 내용을 알리면 법적 문제까지 생깁니다. 사업보고서에 나온 내용이 잘못되면 상장폐지까지 갈 수 있습니다. 그만큼 사업보고서 내용은 신뢰할 수 있다는 뜻입니다. 해당 기업이 마음먹고 감추려 한다면 어쩔 수 없지만 오랜 시간 동안 그러긴 힘듭니다.

미국에 엔론이란 기업이 있었습니다. 미국 뉴욕 증권거래소에 상장된 기업이었습니다. 종업원도 2만 명이 넘고 7대 기업 중 하나였습니다. 혁신적인 기업 중 하나로 선정되기도 했었죠. 엔론은 꿈의 기업으로 수많은 사람들이 입사를 원할 정도였죠. 직원들의 애사심도 대단해서 사원들이 자사주를 살 정도였습니다. 그런데 어느 날 분식회계가 드러났습니다. 자신들의 손해를 감추고 이익이 나도록 한 거죠.

기업 임원들도 스스로 자신들이 자행한 분식을 시간이 지나면서 믿었다고 하더라고요. 이로 인해 파산하며 상장폐지되었습니다. 이를 감사한 아더앤더슨이라는 회계법인은 미국 5대 회계법인이었는데 이 때문에 영업정지 당한 후 사라졌습니다. 이처럼 기업보고서에 기업의 존망이 걸려 있습니다. 중국 기업 이야기할 때도 상장폐지되었다고 했죠. 당시에도 회계법인이 감사를 거절하면서 벌어진 일이었죠. 사업보고서를 일단 믿어야 할 이유입니다.

사업보고서는 대부분 비슷한 양식으로 구성되어 있습니다. 특별한 일이 없다면 다음과 같은 양식입니다.

사업보고서

[대표이사 등의 확인]

 1. 회사의 개요

  ① 회사의 개요

  ② 의사의 연혁

  ③ 자본금 변동사항

  ④ 주식의 총수 등

  ⑤ 의결권 현황

  ⑥ 배당에 관한 사항 등

 2. 사업의 내용

 3. 재무에 관한 사항

  ① 요약재무정보

  ② 연결재무제표

  ③ 연결재무제표 주석

  ④ 재무제표

  ⑤ 재무제표 주석

  ⑥ 기타 재무에 관한 사항

4. 이사의 경영진단 및 분석의견

5. 감사인의 감사의견 등

6. 이사회 등 회사의 기관에 관한 사항

　① 이사회에 관한 사항

　② 감사제도에 관한 사항

　③ 주주의 의결권 행사에 관한 사항

7. 주주에 관한 사항

8. 임원 및 직원 등에 관한 사항

　① 임원 및 직원 등의 현황

　② 임원의 보수 등

9. 계열회사 등에 관한 사항

10. 이해관계자의 거래내용

11. 그 밖에 투자자 보호를 위하여 필요한 사항

[전문가의 확인]

　① 전문가의 확인

　② 전문가와의 이해관계

어떤 기업의 사업보고서를 읽더라도 표준 양식에 따라 분석할 수 있어야 하니 앞과 같다고 보면 됩니다. 기본적으로 사업보고서에 있는 모든 내용을 전부 다 읽어야겠지만 그중에서도 꼭 봐야할 것은 배당에 관한 사항 등, 사업의 내용, 재무제표입니다. 재무제표는 모든 걸 다 볼 수 없으니 실적을 보여주는 매출, 영업이익, 당기순이익 등을 보면 됩니다. 실적을 사업보고서로 보기 힘들면 네이버 증권 섹션에서 보여주는 기업 실적분석으로 보셔도 됩니다. 대략 4년 치를 보여주는데 마지막 연도는 아직 발생하지 않은 올해입니다. 예측치는 최근 3개월간 증권사에서 발표한 전망치의 평균값입니다. 이러다 보니 증권사에서 관심 없는 기업은 예측치가 전혀 나오질 않습니다.

여기서는 한국콜마의 2019년도 사업보고서로 보도록 하겠습니다.

당기는 2019년, 전기는 2018년, 전전기는 2017년도입니다. 무엇부터 봐야 할지 애매할 텐데 주당순이익을 보면 됩니다. 한국콜마의 당기순이익을 주식수로 나눈 것이 주당순이익입니다. 주당순이익이 2240원에서 1284원까지 내려간 걸 볼 수 있습니다. 이에 따라 한국콜마의 주가도 낮아졌다고 예상할 수 있죠. 현금배당성향은 당기순이익에서 어느 정도를 배당으로 지급했느냐가 나

〈최근 3사업연도 배당에 관한 사항〉

구분	주식의 종류	당기 제8기	전기 제7기	전전기 제6기
주당액면가액(원)		500	500	500
(연결)당기순이익(백만원)		29,058	42,307	47,262
(별도)당기순이익(백만원)		40,051	52,115	44,178
(연결)주당순이익(원)		1,284	1,954	2,240
현금배당금총액(백만원)		7,551	7,374	6,331
주식배당금총액(백만원)		–	–	–
(연결)현금배당성향(%)		18.9	17.4	15.7
현금배당수익률(%)	보통주	0.7	0.5	0.4
	종류주	–	–	–
주식배당수익률(%)	보통주	–	–	–
	종류주	–	–	–
주당 현금배당금(원)	보통주	330	330	300
	종류주	–	–	–
주당 주식배당(주)	보통주	–	–	–
	종류주	–	–	–

(연결)당기순이익은 지배기업 소유주지분 기준 당기순이익입니다.

옵니다. 현금배당성향이 이익과 반대로 오히려 비율이 늘어나고 있다는 걸 확인할 수 있습니다.

현금배당수익률도 있습니다. 이는 1년 평균 주가로 배당받은 금액이 이자 개념으로 볼 때 어느 정도 이율이냐로 받아들이면 됩니다. 한국콜마 1주를 사면 2019년인 제8기에 0.7%의 이자를 받았다고 보면 됩니다. 현금배당금은 2017년 주당 300원에서 2018년 330원으로 늘려줬습니다. 2019년에는 330원으로 주당 배당금을 유지했고요. 비록 당기순이익이 줄었다 해도 배당금은 비슷했습니다. 현금배당 총액을 보면 비슷한 금액을 유지했습니다. 회사의 이익이 줄었는데도 말이죠.

배당은 하나의 시그널입니다. 우리 회사가 어렵지 않다는 걸 보여줄 수 있는 가장 확실한 방법입니다. 다른 건 몰라도 현금만큼은 속일 수 없죠. 배당금을 준다는 건 그 정도의 수익금을 회사가 가지고 있다는 뜻입니다. 배당금을 줄이지 않았다는 것은 당장 이익이 감소했어도 내년에는 지금보다 더 잘할 수 있다는 의지를 시장에 보여주는 겁니다. 기업 스스로 우리가 어렵지 않다는 걸 대내외에 알리는 방법이죠. 한국콜마는 여러 가지로 악재가 있었음에도 주당 배당금을 유지하며 투자자들에게 괜찮다는 걸 보여준 겁니다.

한국콜마는 화장품 ODM과 제약 CMO 사업을 한다고 되어 있습니다. 여기에 화장품 분야는 카버코리아, 애터미, 지피클

럽 등이 주요 고객사이고 기초, 기능성, 색조 화장품이 주요 제품이며 매출 비중은 77.7%라고 되어 있습니다. 애터미 같은 경우 네트워크 마케팅 회사로 한국 암웨이에 이어 매출액 순위 2위일 정도입니다. 그만큼 애터미가 주요 고객사이니 한국콜마의 매출도 늘어나겠죠. 2019년 매출 제약 부문도 한미약품, 동화약품, 유한양행 등 이름만 들어도 알 수 있는 제약사가 포함되어 있고 비중은 22.3%입니다.

사업보고서를 더 들여다보면 국내 화장품 시장은 수출이 증가하고, 온라인과 드러그스토어 채널의 확대와 사용자 확대가 되고 있다고 합니다. 이러한 화장품 ODM/OEM 시장은 한국콜마, 코스맥스, 코스메카코리아가 시장점유율 약 40%를 차지하고 있습니다. 여기에 화장품 판매업소 수가 연평균 20% 이상 증가하고 인플루언서 등이 화장품 판매업에 진출해서 한국콜마와 같은 ODM 사업자에게는 기회가 되고 있다고 합니다.

최근에는 헬스케어 부문에도 진출했습니다. 2018년 4월 씨제이헬스케어를 인수했습니다. 헬스앤뷰티 부문으로 컨디션, 헛개수 등을 판매합니다. 이런 내용은 전부 사업보고서에 있는 겁니다. 괜히 엄한 곳에서 한국콜마에 대한 정보를 캐낼 필요가 없는 거죠.

한국콜마에서 화장품 부문은 크게 기초와 색조로 나뉩니다. 기초는 세안과 보습할 때 바르는 것이고, 색조는 피부화장 할 때 바릅니다. 매출액 비중은 기초가 40.32%고, 색조가 13.44%입니다. 한국콜마에서 화장품 비중은 기초 품목이 대부분이라는 걸 알 수 있습니다. 여기서 제약 부문은 이번에 영업 양도 중입니다. 2019년 사업보고서에 나오는 건 아니지만 말이죠. 전자공시를 보면 2020년 12월 28일에 합병등종료보고서(영업양수도)로 제약 부문에 대한 영업양도가 결정되었다고 알려주고 있습니다. 한국콜마가 씨제이헬스케어를 인수하며 사업 분야를 화장품과 헬스케어 부문에 집중하기로 결정했습니다. 양도한 금액으로는 씨제이헬스케어 인수대금을 갚을 예정이기도 하고요.

이 외에도 사업보고서에는 모든 내용이 다 포함되어 있습니다. 해당 기업에 대해 궁금한 점이 있다면 가장 먼저 봐야 할 것이 사업보고서인 이유기도 합니다. 재무제표도 봐야 하는데 꽤 어렵고 복잡합니다. 재무제표에서 가장 중요하게 봐야 하는 것은 바로 주식입니다. 주석에는 재무제표에서 미처 못 다한 설명이 들어가 있습니다. 무슨 말인지 잘 모르겠고 의문이 드는 상황이 있다면 재무제표 주석에서 보면 됩니다.

해당 기업의 매출이 줄면 영업이익도 줄어드는 건 당연하죠. 이상하게도 당기순이익이 늘었다면 투자자가 관심을 갖고 찾아볼 것은 바로 재무제표의 주석입니다. 주석에는 어떤 이유로 당기순이익이 늘었는지 나옵니다. 일시적인 것인지 지속적인 것인지 여부도 함께 말이죠. 무엇인가 해당 기업에 대해 숫자가 변한 것이 있다면 주석을 찾아보면 됩니다. 처음부터 이런 것을 들여다보기는 힘들겠지만 말이죠.

　사실 투자를 제대로 하려면 최소한 이 정도는 공부하고 분석해야 합니다. 이 책을 읽는 분들에게 처음부터 이런 걸 하라고 권유는 못 합니다. 투자를 하기도 전에 질려 포기할 가능성이 있으니 말이죠. 편한 마음으로 간단한 걸 살펴보면서 부담 없이 하기를 권해드립니다. 사업보고서도 보면서 모르면 모르는 대로 읽어보는 겁니다. 대략적으로 '이런 걸로 사업을 하는 회사구나' 정도만 파악해도 됩니다.

관심 있는 기업에 대해
더 알고 싶다면 _____

　　사업보고서로 투자하려는 기업에 대해 어느 정도 정보를 파악할 수 있습니다. 투자하기 위해서는 그보다 더 많은 정보를 알아야 합니다. 다양한 방법으로 정보를 얻을 수 있습니다만 그래도 이왕이면 제대로 된 팩트부터 파악하는 것이 좋습니다. 각 증권사에서는 기업에 대해 조사하고 분석해서 알려줍니다. 이와 관련해 네이비 금융 화면에 보면 '리서치'라는 섹션이 있습니다.

금융 홈	국내증시	해외증시	시장지표	펀드	리서치	뉴스	MY

리서치

- I 시황정보 리포트
- I 투자정보 리포트
- I 종목분석 리포트
- I 산업분석 리포트
- I 경제분석 리포트
- I 채권분석 리포트

KRX 전자공시

상장법인 지분정보

아크로뱃 다운로드

종목분석 리포트　　　　　　　　　　　　▶더보기

기업	제목	증권사	첨부	작성일
원익머트리..	3Q20 실적도 괜찮을 것 같습니다	하나금융투자	📄	20.09.04
동성화인텍	사상 최대치의 수주잔고를 쌓고 있다	하나금융투자	📄	20.09.04
LG유플러스	날 좀 보소	DB금융투자	📄	20.09.04
삼성전자	10조 나오게는데요	DB금융투자	📄	20.09.04
LG전자	예년과는 다른 하반기	DB금융투자	📄	20.09.04
게임빌	'게임빌 프로야구 글로벌' 론칭초기 성과 예상 초과	이베스트증권	📄	20.09.04

산업분석 리포트　　　　　　　　　　　　▶더보기

산업	제목	증권사	첨부	작성일
인터넷포탈	8월 또 급증. 이젠 틱톡보다 웹툰	미래에셋대우	📄	20.09.04
유틸리티	유틸리티 Weekly	하나금융투자	📄	20.09.04
은행	뉴딜금융. 반복되는 정책 지원으로 주주 피로감은 확..	하나금융투자	📄	20.09.04
유틸리티	REC를 배출권으로 바꿀 수 있는 RE100	하나금융투자	📄	20.09.03
은행	8월 가계대출 큰 폭으로 증가	DB금융투자	📄	20.09.03
보험	8월 손보사 신계약 실적 점검	DB금융투자	📄	20.09.03

　　리서치를 클릭하면 좌측으로 시황정보 리포트, 투자정보 리포트, 종목분석 리포트, 산업분석 리포트, 경제분석 리포트, 채권분석 리포트가 있습니다. 이중에서 기업에 대해 좀 더 알고 싶다면 종목분석 리포트를 클릭하면 됩니다. 현재 상장되어 있는 기업에 대한 분석을 여러 증권사에서 거의 매일같이 올리고 있습니다. 이런 보고서가 이 리서치 리포트에 올라갑니다. 하단에서 원하는 기업을 종목명에 입력한 후 검색으로 찾으면 됩니다.

'한국콜마'로 사업보고서를 살펴봤으니 여기서도 찾아 설명하 겠습니다. 한국콜마로 검색하면 상당히 많은 보고서가 뜹니다. 그 중에서 가장 최신 보고서부터 보는 게 좋겠죠. 현재 한국콜마에서 벌어지는 여러 현황에 대해 설명하고 특징이 있다면 이에 대해서 도 함께 알려주니 말입니다. 사업보고서처럼 내용이 길지 않습니 다. 짧으면 3~4페이지로 설명하고 길어도 보통은 5~6페이지 정도 입니다. 핵심만 정확히 설명한다고 보면 됩니다.

사업보고서만 보면 대체로 과거에 대해 알 수 있습니다. 어떤 일이 벌어졌는지 알 수 있지만 해당 기업이 무엇을 하려는지 알기 는 힘듭니다. 향후 어떤 사업을 하려는지 알려주기는 하지만 진행 상황까지 파악하기는 힘듭니다. 그런 부분에 있어 각 증권사에서 발표하는 기업분석에는 저 같은 개인이 알기 힘든 내용이 포함되 어 있습니다. 각 증권사의 애널리스트가 기업을 직접 방문하는 등 의 조사를 통해 알게 된 내용을 보고서로 전달합니다.

무엇보다 애널리스트가 알려주는 내용이 숨겨지고 은밀한 것 은 이니고 정확한 팩트만 전달합니다. 여기에 애널리스트가 감안 한 주가에 대한 추정치까지 함께 알려줍니다. 증권사에서 오랜 기 간 동안 기업을 분석하고 트레이닝을 거친 후에 애널리스트가 된다는 점을 고려할 때 믿을 수 있는 정보입니다. 흔히 이야기하는 '카더라'와 같은 정보가 아닌 회사에 문의해서 파악한 바를 공식적으로 보고서에 실은 내용입니다.

기업분석 보고서에는 전자공시에 있는 기업보고서에 나오지 않는 예측치가 발표됩니다. 분기는 물론이고 연도별로 향후 보여줄 실적을 추정치로 알려줍니다. 이를 근거로 또한 해당 기업에 대한 투자 여부까지 알려줍니다. 매수와 매도 여부까지 보고서에서 밝힙니다. 대체적으로 매도라고 하지 않지만 보유나 보합 같은 표현이 있다면 매도로 받아들이셔도 됩니다. 매수라는 표현과 함께 목표 주가까지 있으니 참고할 필요는 있습니다. 증권사에서 밝힌 목표 주가와 실제 주가의 움직임은 별개로 봐야겠지만 나보다 분석을 잘하는 집단의 추정치니 참고해서 나쁠 건 없겠죠.

종목분석만 보면 더 큰 그림을 보지 못할 가능성이 있습니다. 아무리 기업의 실적이 좋다고 해도 해당 분야의 업황이 좋지 못하면 실적은 자연스럽게 안 좋아집니다. 더구나 내가 찾은 기업보다 같은 분야의 다른 기업이 훨씬 더 실적도 좋고 전망도 유망할 수 있으니 말입니다. 이왕이면 같은 분야에서 실적이 제일 좋은 기업을 찾는 것이 낫지 않을까요. 이를 위해서 산업분석 리포트로 가면 됩니다. 이곳에는 기업이 속한 산업 분야에 대해 설명해줍니다.

산업분석 리포트로 가서 한국콜마에 속한 화장품으로 검색하면 관련 보고서가 나옵니다. 투자하려는 기업이 엔터테인먼트 관련 기업이면 미디어와 같은 단어로 검색하면 관련 분야의 보고서가 나옵니다. 화장품으로 검색하면 관련 보고서가 역시나 엄청나게 많이 나옵니다. 간략하게 몇 페이지로 끝나는 경우도 있지만 해당 산업에 대해 자세하게 분석하는 보고서도 많습니다. 100페이지나 되는 보고서도 있습니다. 이런 장문의 보고서를 봐야만 해당 산업에 대한 이해도가 올라갑니다.

단순히 해당 기업에 대해서만 분석하면 안 됩니다. 해당 산업이 어떤 환경인지 알아야 하고, 향후에 어떤 식으로 전개될지에 대해서 파악해야 투자에서 실수를 줄일 수 있습니다. 과거에 공부를 잘했던 사람은 앞으로도 잘할 가능성이 큽니다. 문제는 이건 그럴 가능성이 크다는 것일 뿐 실제로 해당 산업 분야가 전 세계 경제의 변화로 인해 급격히 실적이 나빠질 수도 있습니다. 삼성중공업 사례에서 본 것처럼 해당 분야의 업황이 망가지면 아무리 좋은 기업이라도 실적이 추락하는 것은 한순간입니다.

이를 방지하기 위해서도 해당 산업에 대해 분석하는 것이 중요합니다. 화장품 같은 경우는 화장품을 판매하는 회사와 내용물 만드는 회사로 나눌 수 있습니다. 화장품 판매 회사는 아모레퍼시픽이 대표적입니다. 내용물 만드는 회사는 한국콜마와 코스맥스가 대표적이고요. 화장품에 대한 산업보고서를 보면 중국에 대한 이야기가 많이 나옵니다. 아무래도 내수만으로 실적이 상승하는 건 한계가 있겠죠.

화장품 관련 기업의 주가가 한때 엄청나게 상승할 때가 있었습니다. 화장품 섹터 전체가 다함께 주가가 상승했었습니다. 한류와 함께 한국 연예인들의 미용에 전 세계적으로 관심이 많아졌죠. 그중에서도 시장성이 가장 큰 중국에서 한국 화장품에 대한 수요가 넘쳤습니다. 자연스럽게 화장품 분야의 기업들에게 실적 상승은 당연했었죠. 이와 함께 주가가 상승했는데 중국의 한한령과 함께 화장품 관련 기업의 실적이 너나 할 것 없이 하락했습니다.

이런 사정을 몰랐다면 도대체 내가 투자한 기업의 실적이 왜 안 좋은지에 대한 이유를 알 수 없습니다. 실적이 안 좋다는 것이 해당 기업만의 문제인지, 해당 산업의 문제인지가 중요한 거죠. 해당 산업의 문제가 지속적인지 일시적인지에 따라 투자 여부를 판단해야 합니다. 보유 기업의 매도 여부도 함께 이를 바탕으로 결정해야겠죠. 이런 내용은 해당 기업 보고서에도 나오긴 하지만 자세한 분석은 적습니다. 아무래도 기업의 실적에 좀 더 집중하니 말이죠.

반면에 산업보고서는 전체 산업 분야에 대한 흐름과 전망까지 먼저 알려줍니다. 해당 산업에 대한 이해를 시킨 후에 관련 기업으로 들어갑니다. 여러 기업을 소개하지만 그중에서도 실적이 좋아질 기업만 알려줍니다. 해당 산업에서도 상장된 기업은 엄청 많은데 그중에서 무엇을 선택할지도 곤란한데 대략적으로 추릴 수 있는 장점이 있습니다. 기업분석 보고서만큼 자세한 내용을 알려주지 않아도 간략하게나마 관심을 갖게 만들어줍니다.

애널리스트가 기업분석 보고서에 매수와 매도에 대한 이야기를 솔직히 쓰기는 힘듭니다. 증권사의 최대 고객은 법인입니다. 법인이 보유하고 있는 현금을 유치해야 합니다. 법인 입장에서도 자신들이 보유한 현금을 그저 적금만 하는 것보다는 채권도 구입하고 주식도 좀 하는 방법으로 투자해야 합니다. 이런 자금을 끌어들여야 하는데 기업분석 보고서에서 해당 기업에 대해 매도리포트를 발표하면 좀 곤란하겠죠. 그렇기에 매도라고 못 하고 보합이나 보유라고 표현합니다. 산업보고서에는 좀 더 솔직하게 매수와 매도를 언급하니 참고하는 게 좋습니다.

여기에 해당 기업에 대한 검색도 해야 합니다. 산업보고서도 실시간 정보는 아닙니다. 검색을 하면 해당 기업과 관련 있는 다양한 뉴스가 검색됩니다. 뉴스는 아무래도 최신 정보일 경우가 많습니다. 뉴스는 해당 기업에서 보여주는 광고도 섞여 있기에 소음도 어느 정도는 감안하고 읽어야 합니다. 그래도 기업분석 보고서와 산업보고서에도 나오지 않는 기업의 가장 최신 정보를 알 수 있는 방법입니다.

끝으로 각종 카페와 블로그도 함께 곁들여 보면 좋습니다. 뉴스까지 검색해서 읽었으면 대부분 카페와 블로그에 있는 내용은 알고 있는 경우가 많습니다. 그런 내용을 작성한 사람들이라고 딱히 더 많은 정보를 갖고 있는 건 아닙니다. 더구나 그런 내용을 읽었는데 내가 이미 알고 있다면 해당 기업에 대해서 충분히 조사와 분석을 했다는 뜻이니 뿌듯해하셔도 됩니다.

끝으로 네이버 금융 섹션에서 기업분석 보고서와 산업보고서 보는 방법을 알려드렸는데 숫자가 다소 부족하다고 생각할 수 있습니다. 많다고 하면 많은 양이긴 해도 최신 정보까지 전부 봐야 한다면 한경 컨센서스 홈페이지(http://consensus.hankyung.com)로 가

시길 바랍니다. 이곳으로 가면 국내외 증권사 애널리스트들이 제공한 대부분의 보고서가 있습니다. 이 정도의 노력도 없이 주식투자를 한다는 것은 말이 안 되죠. 더구나 어려운 것도 없습니다. 그저 읽으면 됩니다. 단지 그거면 됩니다.

감당할 수 있는 만큼
마음껏 투기해보자 _____

제목이 다소 자극적입니다. 마음껏 투자하는 것도 아닌 투기하라고 권유하니 말입니다. 아마도 이 책을 읽는 분들이라면 투자할 현금이 없는 건 아닐 겁니다. 어느 정도 돈이 있다 보니 이런 책도 읽으면서 투자해볼까라는 생각을 하는 거겠죠. 그렇다고 큰 금액으로 투자하는 것도 사실 쉽지 않습니다. 그러니 부담 없는 금액으로 편하게 시작하는 겁니다. 예를 들어 100만 원 정도라면 충분히 가능하지 않을까요.

100만 원으로 투자할 때 다음과 같이 전개된다면 결코 의미

없는 금액이 아닌 거죠.

- · 연 복리 약 16.6%면
   100만 원 – 30년 후 약 1억 원

- · 연 복리 약 26%면
   100만 원 – 20년 후 1억 원

- · 연 복리 약 58.5%면
   100만 원 – 10년 후 약 1억 원

- · 연 복리 약 25.9%면
   1000만 원 – 10년 후 약 1억 원

이런 식으로 투자하면 됩니다. 100만 원 갖고 주식투자를 할 때 최대 손실은 0원입니다. 100만 원 전액이 나에게서 사라지는 겁니다. 그 이상의 손실은 절대로 없습니다. 대신에 상승은 한계가 없습니다. 하방은 0원으로 막혀 있지만 상방은 그 끝이 없을 정도로 무한대입니다. 실제로 그 정도까지는 아닐 수 있지만 불가능한 것도 아닙니다. 이렇게 생각한다면 상당히 괜찮지 않나요.

버크서 해서웨이는 현재 워런 버핏이 소유하고 있는 기업입니다. 버핏이 1962년에 주당 약 11달러 정도에 인수했습니다. 주가는 2021년 1월에 약 35만 달러 정도 합니다. 1달러를 1000원으로 계산하면 1주당 약 1만 1000원에서 59년 만에 3억 5000만 원이 되었습니다. 만약에 100주를 매수했다면 110만 원이 현재 350억 원이나 됩니다. 다소 극단적이라 할 수도 있지만 실제로 현실에서 벌어진 일입니다. 이런 이유로 워런 버핏이 거주하는 동네에는 백만장자가 수두룩합니다.

워런 버핏을 믿고 버크셔 해서웨이를 매수한 후에 몇십 년 동안 1주도 팔지 않고 갖고 있던 분들에게는 꿈같은 일이 벌어졌습니다. 돈이 필요할 때 1주만 팔아도 3억 5000만 원이 생깁니다. 그 정도 금액이면 몇 년 동안 살아가는 데 전혀 지장 없겠죠. 노후에 1주씩 매도하면서 여유 있게 살 수 있습니다. 너무 환상적이라 현실적이지 않지만 궁극적으로 우리가 꿈꾸는 삶처럼 느껴지네요. 이렇게 처음 시작을 100만 원으로 하면 된다는 겁니다.

100만 원 정도면 혹시나 전액을 잃어버려도 생활에 큰 지장은 없을 겁니다. 그러니 마음껏 그게 투자든 투기든 하면 됩니다. 어차피 내가 하면 투자고 남이 하면 투기죠. 내가 아무리 뭐라고 해도 남들이 볼 때는 투기일 수 있습니다. 작정하고 마음껏 하세요. 심지어 이 책에서 알려드린 정석적인 방법대로 하지 않아도 됩니다. 당일에 사고팔아도 됩니다. 저는 그런 투자를 권유하지 않지만 해봐야 알죠. 자신에게 맞는 방법이 무엇인지는 직접 실천해야만 알 수 있습니다.

더구나 막상 해보면 무척 힘들다는 걸 깨닫게 됩니다. 그것은 바로 100만 원으로 투자해서 0원되는 거 말이죠. 0원이 되려면 엄청나게 힘듭니다. 별의별 짓을 다해도 어지간해서는 100만 원이 0원이 되지 않습니다. 예를 들어 정말로 마음껏 투기를 했습니다. 그랬더니 100만 원에서 50% 손해가 나서 50만 원이 되었습니다. 마음을 진정하고 다른 기업에 50만 원을 투자했더니 다시 50% 하락해서 25만 원이 되었습니다. 이런 식으로 여러 번을 반복해도 0원이 되는 건 너무 힘듭니다.

보유한 기업의 주가가 50%씩이나 떨어지는 경우도 드문 일인데 연속적으로 그런 기업만 택하는 것은 확률적으로도 거의 불가능합니다. 분명히 내가 투자한 금액이 0원이 될 수도 있습니다. 매수한 기업의 주식이 상장폐지된다면 휴지조각이 되는 거죠. 이런 경우는 투자한 금액이 0원이 됩니다. 그 외에도 가끔 주식투자 실패로 자살까지 하는 사람의 뉴스가 나올 때가 있습니다. 이런 일은 거의 대다수 신용미수를 이용해서 그렇습니다.

순수하게 자신이 보유한 현금만으로 투자를 하면 기껏해야 0원이 되는 겁니다. 문제는 보유한 현금이 얼마 되지 않고 투자할 기업의 수익은 눈앞에 보인다는 착각으로 미수를 씁니다. 갖고 있는 현금에 돈까지 빌려 투자하는 겁니다. 이런 방법으로 투자하면 가격이 상승할 때 큰 수익을 낼 수 있지만 하락하면 걷잡을 수 없는 손실이 발생합니다. 가격이 하락했는데 돈도 갚지 못하면 무조건 반대매매를 통해 내가 빌린 주식 숫자만큼 매도를 합니다. 그렇게 빌린 돈을 갚는 거죠. 팔아 갚으면 문제없는데 돈이 부족하니 갚아야 할 돈이 생깁니다. 어떤 사람들은 그 금액이 도저히 감당할 수 없을 정도로 어마하게 크다 보니 자살까지 생각하는 겁니다.

여러분은 그럴 일이 절대로 없습니다. 자신이 갖고 있는 현금으로만 투자한다면 아무리 잘못되어도 최악은 원금손실입니다. 보유한 원금만 다 잃을 뿐 살아가는 데 지장은 없습니다. 속 쓰리고 잠이 안 올 수는 있어도 말이죠. 한편으로는 100만 원으로 테스트를 하는 겁니다. 내 능력이 어느 정도인지 말이죠. 100만 원으로 마음껏 투기하라고 했지만 막상 해보면 생각과 달리 내 깜냥을 파악할 수 있습니다.

100만 원을 투자했는데 손해가 나서 90만 원이 되었습니다.

살아가는 데 별 지장이 없다면 계속 투자하면 됩니다. 만약에 50만 원 정도 손해가 나니 계속 신경 쓰이고 잠도 안 온다면 아직까지 나는 100만 원으로 투자할 능력이 안 되는 겁니다. 아마도 100만 원 정도로 그렇게 되지는 않을 겁니다. 금액을 1000만 원으로 올렸는데 10% 손해가 나서 900만 원이 되었는데 짜증이 나고 잠도 안 온다면 아직까지 나는 1000만 원으로 투자할 능력이 안 되는 겁니다.

이렇게 100만 원으로 시작하면 나와 관련된 많은 것을 파악할 수 있습니다. 100만 원에서 시작했는데 별로 마음의 움직임이 없다면 조금씩 금액을 올려 투자하면 됩니다. 금액을 올리면서 점차적으로 마음이 불편한 순간이 온다면 당장은 거기까지가 내 투자 능력입니다. 몇백 만 원 정도는 손해 봐도 상관없다는 분들은 그만큼 자신의 투자 그릇이 크다는 반증입니다. 몇천 만 원이 손해 나도 일상생활에 지장 없다면 계속 투자해도 됩니다. 자신이 감당할 수 있는 금액까지 투자하면 됩니다.

생각보다 주식투자 할 만하지 않나요?

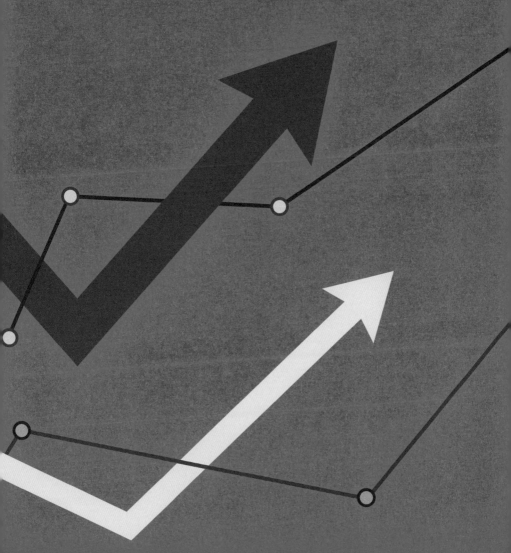

5.
주식으로 교양이 쌓일수록
이익도 쌓인다

자신이 좋아하고 잘 아는
분야에 집중하자 _____

지금까지 소개한 다양한 기업들은 제가 살아오며 호기심 반 관심 반으로 좀 더 들여다보다 알게 된 곳이 대다수입니다. 이렇게 저처럼 주변에서 얼마든지 쉽게 찾을 수 있습니다. 가장 좋은 방법은 내가 아는 것에서 출발하는 겁니다. 회사에 다니고 있다면 맡은 업무가 있을 테니 업무와 관련된 기업을 찾아도 됩니다. 취미 생활이 있다면 그것과 연관된 기업을 눈여겨봐도 됩니다. 여러분이 전공했던 분야가 있다면 그것과 관련된 기업을 분석해도 됩니다.

무엇보다 사업보고서가 중요하다고 했는데 이것을 보는 게 무척 까다롭습니다. 내게 익숙하지 않은 분야에 대한 보고서는 검은 것은 글자일 가능성이 큽니다. 이해가 거의 안 된다는 뜻이죠. 무엇보다 용어 자체에 대한 어색함이 있습니다. 여러분이 하고 있거나 관련 있는 분야라면 사업보고서를 보더라도 좀 더 친숙할 수 있습니다. 깊은 이해는 힘들더라도 보고서를 읽는 데 있어 어려움은 상대적으로 덜할 겁니다. 그렇게 시작한다면 어렵다는 생각보다 재미있다는 생각이 들 가능성도 충분합니다.

제 이야기를 좀 더 해보겠습니다. 이런저런 기업에 대한 이야기를 듣고 발견하고 분석하고 조사했습니다. 처음 접하는 분야를 알아가려면 많은 시간과 노력이 필요했습니다. 그 덕분에 상식과 지식이 늘어난 것은 부인할 수 없지만 제가 갖고 있던 장점을 놓쳤습니다. 다른 분야보다 저는 엔터테인먼트에 대한 관심을 항상 갖고 있습니다. TV에 나오는 드라마, 예능, 가요 프로그램은 물론이고 영화도 빠짐없이 챙겨 봅니다. 최근 트렌드는 어떤 식으로 진행되고 있는지도 저절로 어느 정도는 알고 있습니다. 스스로 이런 강점을 갖고 있는데도 외면할 필요는 없겠죠. 제가 갖고 있는 장점에서 출발하면 훨씬 더 바닥에서부터 분석을 통한 바텀업은 물론이고 전체 분야를 조망하며 큰 그림을 볼 수 있는 탑다운까지 가능하죠.

막상 엔터를 공부하려 해도 범위가 무척 넓습니다. 드라마, 영화, 예능, 가요까지 서로 연관되어 있지만 각 분야별로 다른 특성도 있습니다. 이런 점을 함께 들여다보지 못하면 오판할 수도 있고 말이죠. 더구나 이미 수많은 엔터 관련 기업이 상장되어 있습니다. 드라마를 만드는 제작사, 영화를 만드는 제작사, 배우와 가수를 관리하는 기획사, 드라마를 볼 수 있는 플랫폼 회사. 이렇게 많은 회사들이 현재 상장되어 있습니다. 엔터테인먼트만 공부해도 생각보다 끊임없이 회사가 나올 정도죠.

현재 가요계는 과거와 달리 엄청난 산업으로 성장했습니다. 그뿐만 아니라 드라마도 넷플릭스로 인해 더욱 거대 자본이 투입되며 전 세계적으로 인기를 끌고 있습니다. 영화도 〈기생충〉이 미국 아카데미에서 오스카상을 받을 정도로 산업 자체가 커지고 있고요. 문화예술 분야가 전체적으로 성장은 물론이고 거대 자본과 함께 수익을 내는 쪽으로 발전하고 있습니다. 예능 프로그램도 중국 같은 곳에서는 프로그램 형식을 구입하는 경우도 많고요. 이에 따라 한국의 수많은 재능 있는 청춘들이 자신의 인생을 걸어보겠다며 엔터테인먼트로 몰려가고 있습니다. 눈에 보이는 배우, 가수

뿐만 아니라 음지에서 보조하는 여러 스태프까지 말이죠. 이러니 더욱 성장하는 것은 당연합니다.

현재 가요계의 패턴을 만든 것은 서태지와 아이들이었습니다. 이전까지 가수들이 새 앨범을 발표하면 딱히 활동기간을 정해 놓지 않았습니다. 뜻하지 않게 앨범에 있는 수록곡이 얼마나 히트하느냐에 따라 그만큼 활동기간도 늘어났죠. 6개월씩 활동할 때도 있었습니다. 정확히는 따로 활동기간이 없었습니다. 활동기간이라는 개념 없이 가요 프로그램이나 예능 프로그램 등에 출연했습니다. 그러다 자연스럽게 활동을 하지 않으면 휴식과 다음 앨범을 준비했습니다.

서태지와 아이들이 1집 앨범을 낸 후 처음에는 조롱 섞인 반응까지 있었지만 10대로부터 폭발적인 반응을 얻으며 당시 센세이션을 일으켰죠. 서태지와 아이들은 다음 앨범을 위해 활동을 접는다며 당시에는 생각지도 못한 결정을 내렸습니다. 이후 이런 활동을 SM엔터테인먼트에서 본격적으로 접목했고, H.O.T를 비롯한 아이돌 그룹은 모두 그렇게 했죠.

지금은 대부분 음원 시장으로 바뀌었지만 활동기간은 비슷합니다. 새로운 음원을 발표하면 대략 3주 정도 가요 프로그램과 예능 프로그램에 출연하죠. 3주 정도의 활동기간이 마무리되면 가요 프로그램에서 "오늘이 저희 이번 노래 마지막 활동입니다"라고 말한 후에 활동을 접습니다.

지금과 같은 패턴이 될 수밖에 없는 이유 중 하나가 이제는 아이돌 그룹의 활동무대가 한국에 국한되지 않습니다. 전 세계가 무대입니다. 신곡이 나왔을 때 한국에서만 활동하는 것이 아닙니다. 가깝게는 일본이나 동남아시아는 물론이고 유럽과 북미와 남미까지도 투어를 갑니다. 아마도 어떤 아이돌 그룹은 한국에서는 잘 모를 수도 있습니다. 한국보다 외국에서 더 인기 많은 아이돌 그룹도 많습니다. 심지어 한국에서는 거의 활동하지 않는데 남미에서는 음원을 낼 때마다 1위를 할 정도로 주 활동무대가 한국이 아닌 남미인 그룹도 있을 정도입니다.

가수와 관련해서는 SM, YG, JYP가 3대 연예기획사라 할 수 있습니다. SM은 EXO, 동방신기, 슈퍼주니어, 레드벨벳, NCT가 속해 있습니다. 여기에 샤이니와 소녀시대 등이 있습니다. YG는 빅뱅, 위너, IKON, 블랙핑크, 트레저12 등이 속해 있습니다. JYP는 2PM, GOT7, 트와이스, 스트레이키즈, ITZY 등이 속해 있습니다. 각 연예기획사에 속한 가수들이 어떤 활동을 하느냐에 따라 매출은 요동칩니다. 가수이기에 음원 출시도 중요하지만 콘서트가 매출의 핵심입니다.

그뿐만 아니라 전 세계적으로 인기를 끌고 있는 방탄소년단은 빅히트엔터테인먼트에 속해 있습니다. 인수합병을 통해 여자친구, 세븐틴, 뉴이스트 등을 거느리게 되었습니다. 방탄소년단만으로도 음반 판매량이 연예기획사 중 1등입니다. 빅히트엔터테인먼트의 지분 약 25% 정도를 넷마블이 현재 보유하고 있을 정도입니다. 여기에 FNC엔터테인먼트는 씨앤블루, FT아일랜드, AOA, SF9, 엔플라잉이 소속 가수입니다. 그 외에도 여러 연예기획사가 상장되어 있습니다.

주로 가수를 언급했지만 배우와 예능인들도 각자 소속사가 있습니다. 전체적으로 이런 연예 산업은 지금보다 향후가 더 긍정적이고 확장될 가능성이 무궁무진합니다. 단순히 한국에서만 매출을 올리는 것이 아닌 외국에서 올리는 매출도 무시하지 못할 만큼 성장했기 때문입니다. 예전에 일본 시장에 공들인 가장 큰 이유가 한국보다 시장성이 몇 배 컸기 때문입니다. 지금은 일본보다 더 큰 시장인 미국까지 진출한 가수들도 많습니다. 미국이 1위, 일본이 2위의 시장성을 갖고 있으니 향후가 더 기대됩니다.

한국의 영화감독과 배우들도 현재 언어의 한계를 극복하고 외국으로 진출하고 있습니다. 진작부터 외국 유명 영화제인 칸과 베를린, 모스크바 영화제에서 작품상과 감독상, 남녀주연상까지 받았습니다. 2020년 아카데미 시상식에서 봉준호 감독이 〈기생충〉으로 작품상과 감독상까지 받아 더욱 주목받았죠. 심은경 배우는 일본 영화에 출연해서 여우주연상까지 받았습니다. 현재 많은 한국 배우와 감독이 할리우드의 적극적인 오퍼를 받고 활동하고 있습니다.

한국 연예계만 해도 이토록 알아야 할 것이 많습니다. 쉽게 접근해서 투자할 성질은 아닙니다. 해당 분야에 평소부터 관심을 갖고 관련 내용을 끊임없이 체크해야 현재 돌아가는 상황을 알 수 있습니다. 연예계처럼 트렌드가 빠르게 변화하는 곳은 더욱 발 빠르게 움직여야 합니다.

지금까지 제가 관심이 많은 엔터테인먼트 이야기를 해봤습니다. 이렇게 모르는 분야를 공부해서 투자하는 것보다는 자신이 잘 알고 있는 분야부터 시작하면 좋다는 겁니다. 훨씬 더 수월하게 사업보고서도 읽을 수 있습니다. 아마도 사업보고서를 읽는다는 느낌보다는 새로운 지식과 상식을 쌓는다는 느낌이 들 수 있습니다. 저 같은 경우 연예기획사의 사업보고서를 읽으면 이전에 몰랐던 연예 산업계를 알 수 있고, 새로운 연예인도 눈여겨보면서 향후 TV에 나올 때 좀 더 관심을 갖고 지켜보게 됩니다.

　많은 분들이 주식투자를 너무 어렵게 생각합니다. 얼마든지 내가 살아가는 세상에서 벌어지는 일을 근거로 재미있고 즐겁게 접근할 수 있습니다. 부담 없이 시작해보세요. 투자 수익보다는 즐거움을 위해 말이죠. 즐겁게 기업을 발견하고 분석하다 보면 수익은 저절로 따라오는 부가적인 기쁨이라고 생각하면 됩니다. 그래서 저는 오늘도 더 즐겁고 재미있게 드라마도 보고, 극장 가서 영화도 관람하고, 노래도 듣습니다. 여러분도 관심 가는 분야를 찾아 즐기면서 시작해보세요.

좋은 기업을 발견했다면
가능한 한 싸게 사자 _____

　　좋은 기업과 좋은 주식은 다릅니다. 좋은 기업이 반드시 수익을 낸다는 이야기는 아니라는 뜻입니다. 좋은 기업의 보유기간은 평생이라고 합니다. 기업의 실적이 증가할수록 주가도 그에 따라 함께 움직이니 말이죠. 누구나 다 알고 있는 내용이지만 실천하기는 쉽지 않습니다. 평범한 사람에게 평생 보유는 상상 속에서나 가능합니다. 1년도 보유하지 못하고 매도하는 분들도 엄청 많고요. 5년 정도 보유하는 것만으로도 초장기 보유라는 말을 들을 정도니 말이죠.

결국에는 아무리 좋은 기업도 싸게 매입해야 한다는 말입니다. 안전마진이라는 표현처럼 1000원인 라면을 800원에 산다면 아주 훌륭하죠. 이걸 1200원에 산다면 비싸게 산 거죠. 주식시장에서 이런 일은 비일비재합니다. 주가가 상승하는 가장 큰 이유는 단기간으로 볼 때 향후 전망이 엄청 좋을 것이라는 기대가 포함됩니다. 주가가 하락하는 가장 큰 이유는 아무런 기대가 없다는 뜻입니다. 이런 상황에서 관심 있는 기업의 주가가 적정한지 여부는 최대의 관심사입니다.

좋은 기업을 발견해서 분석하고 조사했지만 막상 비싼 가격에 매수하면 별 의미가 없습니다. 장기간 보유하면 아무리 비싸게 사도 그 이상으로 주가가 상승할 수도 있겠지만 그 기간 동안 참아야 하는 고통은 생각보다 견디기 어렵습니다. 경험한 사람만이 알수 있는 고통이죠. 그 고통을 겪고 나면 싸게 사기 위한 노력을 하게 됩니다. 문제는 현재 주가가 싼지 비싼지를 알기가 힘들다는 점입니다. 이를 위해 적정주가를 산정하는 다양한 방법이 있습니다. 가장 보편적인 이야기는 미래 현금흐름을 할인해서 현재가치로 환산하는 겁니다. 좀 어려운 개념일 듯합니다.

기업이 존속하면서 계속적으로 매출과 이익을 낸다면 수익이 날 겁니다. 기업이 망하지 않는다면 10년 후에도 여전히 실적을 내겠죠. 올해 매출이 1000억 원이고, 지난 10년 동안 매년 10%씩 매출이 증가했고, 향후 10년 동안 10%는 힘들어도 매년 5%씩 늘어난다면 그에 따라 이익도 동반 상승하겠죠. 10년 후에 발생할 매출과 이익을 근거로 현재가치로 할인합니다. 이때 현재의 금리를 감안해서 계산합니다. 이렇게 해서 나온 수치가 적정주가라고 하는 거죠. 이보다 좀 더 복잡한 계산식이 들어가지만 대략적인 개념은 이렇습니다.

이런 식으로 계산해서 적정주가를 파악하는 것은 제 능력 밖이기도 하네요. 너무 깊고 복잡하게 계산하는 방법보다는 가볍고 쉽게 알 수 있는 내용으로 접근하겠습니다. 이를 위해 먼저 다음의 용어를 알아보겠습니다.

PER(Price Earning Ratio)은 주가수익비율, EPS(Earning Per Share)는 주당순이익입니다. EPS는 기업이 벌어들인 당기순이익을 기업이 발행한 주식 수로 나눈 값입니다. EPS가 1000원이라는 건 해당 기업이 주당 1000원의 수익을 냈다는 뜻입니다. 기업을 비교할 때 EPS 1000원보다는 EPS 1200원이 훨씬 이익을 잘 내는 기업입니다. EPS가 높을수록 이익을 잘 낸다는 뜻이죠. 해마다 EPS가 높아지는 기업이 있다면 흥분하며 지켜볼 필요가 있습니다. 기업의 실적이 해매다 더 좋아졌다는 뜻이니 말이죠. 하지만 어떤 기업도 영원히 EPS가 높아지진 않습니다. 상승하다 정체되기도 합니다. 그런 시기를 거친 후에 다시 상승하거나 하락하거나 하죠. 이럴 때 해당 기업의 미래를 전망하는 것이 기업분석의 핵심이라 할 수 있습니다.

기업이 전환사채를 발행하거나 유상증자를 하면 기존 주주들이 반대하고 싫어할 뿐만 아니라 주가가 하락하는 이유입니다. 주당순이익이라는 측면에서 본다면 주주에게는 가치가 훼손됩니다. 당기순이익은 똑같습니다. 전체 주식수가 1000개일 때와 1500개일 때는 주당순이익이 달라집니다. EPS가 1000원인 기업이 현재 유통되는 주식의 50%나 더 발행한다고 공시합니다. 당기순이익은 전혀 변한 게 없죠. 하지만 주식이 더 발행되자마자 EPS는 500원으로 하락합니다. 기존 주주들에게는 손해로 돌아오는 거죠.

전환사채는 채권의 성격이 있지만 일정 기간이 지나면 주식으로 전환할 수 있습니다. 전환가격도 명시되어 있습니다. 예를 들어 전환사채 발행 때 주가가 1만 원이고, 전환사채를 끝까지 보유하면 이자 5%를 받을 수 있다고 해봅시다. 전환사채를 보유하고 있는 기관이나 투자자가 일정 기간이 지난 후 주식으로 전환하면 9000원으로 매도할 수 있는 권리가 있습니다. 현재 주가가 1만 5000원이라면 전환사채를 끝까지 갖고 5%의 이자를 받는 것보다는 주식으로 전환하는 것이 훨씬 큰 이득이죠. 전환사채를 갖고 있는 사람은 1만 4000원이어도 이미 수익구간이라 상관없습니다. 이러니 기존 주주는 싫어합니다. 이런 상황은 증자도 같습니다. 주식이 늘어나니 좋아할 리가 없죠.

PER은 주가수익비율이라는 뜻으로 주가를 EPS로 나눈 값입니다. 1주당 몇 배의 수익인가를 나타낸다는 뜻이죠. PER 10이라면 현재 기업이 벌어들이는 수익의 10배에서 거래된다는 뜻입니다. PER이 높으면 높을수록 고평가 되었다는 뜻입니다. 보통 PER 10이 평균이라는 표현을 합니다. 단순하게 대입하기는 힘듭니다. 어떤 기업의 PER 20이라고 고평가라고 하기도 힘들고, PER 5라고 무조건 저평가라고 하기도 힘듭니다. 상대적 평가이기 때문입니다. 분야에 따라 다른 평가를 해야 합니다. 어떤 분야인지에 따라 평균 PER이 다릅니다.

어떻게 보면 PER에는 해당 분야나 기업에 대한 사람들의 욕망이 결부되어 있습니다. 바이오 기업은 PER 100이 넘기도 합니다. 지지부진한 기업은 PER 3일 때도 있습니다. 이를 두고 무조건 같은 잣대로 비싸다, 싸다 하는 관점으로 보면 안 됩니다. 만약 내가 발견한 기업의 PER이 10입니다. 고평가인지 저평가인지 판단하기 어렵습니다. 이럴 때는 해당 기업이 속한 분야의 평균 PER이 어느 정도인지에 따라 감안해야 합니다. 해당 분야의 PER이 20이라면 상대적으로 저평가인 거죠.

해당 기업의 PER을 근거로 결정할 수도 있습니다. 지난 5년 동안 PER을 확인합니다. 제일 높을 때 PER이 18이고 낮을 때 PER이 7이라면 현재의 PER 10은 적정하다고 볼 수 있습니다. 이런 식으로 접근하는 것이 좋습니다. PER이 높아져서 30을 넘어 50 이상이 된다는 것은 엄청난 욕망이 해당 기업에 갔다는 겁니다. 당장의 실적보다는 미래의 기대치가 그만큼 크다는 것인데, 거꾸로 볼 때 PER이 높아지면 높아질수록 리스크가 커진다는 뜻입니다. 하락폭이 그만큼 클 수 있다는 뜻이 되니 말이죠. 이런 부분을 감안하면서 봐야 합니다. 이제 적정주가를 계산하기 위한 사전 작업은 끝났으니 본격적인 설명을 해보겠습니다.

적정주가에 매수하려고
노력하자

 적정주가를 알아야 하는 이유는 해당 기업을 싸게 매수하기 위한 것입니다. 발목은 힘들어도 무릎에서라도 사기 위한 노력이죠. 하지만 좋은 기업일수록 싸게 사는 건 쉽지 않습니다. 예를 들어 적정주가가 1만 원으로 계산되었습니다. 이 기업은 해마다 실적이 좋아질 뿐만 아니라 분기에도 상승 중이었습니다. 이에 화답하듯이 주가는 지속적으로 상승합니다. 어느덧 1만 5000원까지 올랐죠. 이런 기업이 1만 원으로 내려오는 일은 거의 드뭅니다. 적정주가 1만 원에 집착하다 보면 훌륭한 기업을 매수하지 못하는 일이 발생합니다.

인내를 갖고 기다리면 올 수도 있겠죠. 전 세계적인 경제위기와 같은 일이 발생하면 그렇습니다. 2020년 코로나19로 인해 주식시장이 급락했을 때 좋은 기업의 주가도 급락했으니 말이죠. 이런 기업은 상대적으로 덜 떨어지기는 합니다. 이렇게 내가 분석한 기업이 좋더라도 다소 저렴하게 매수하려 노력해야 합니다. 계산된 적정주가에 정확하게 매수하는 것보다는 비슷한 금액대에 매수한다는 생각으로 하면 됩니다. 근사치에 왔을 때 매수해도 수익률 차이는 그다지 크지 않습니다. 어차피 수익률 1~2% 더 낸다고 달라질 건 없으니 말이죠.

아주 간단하게 계산한다면 다음과 같은 방법이 있습니다.

$$\text{EPS} \times 4년 \ 평균 \ \text{PER} = 적정주가$$

위 수식에서 4년 평균은 기간이 길어질수록 좋습니다. 해당 기업의 이전 PER이 포함된다는 뜻이니 말이죠. PER에는 비쌀 때와 쌀 때의 주가가 포함됩니다. PER이 높을수록 해당 기업의 주가가 비쌀 때가 포함된다는 뜻입니다. 여기서 4년으로 한 가장 큰 이유는 더 간편하게 계산하기 위해서입니다. 현재 PER은 찾기 쉽지만 과거의 PER은 따로 계산하거나 찾아봐야 합니다. 간편하게 네이버에 나온 걸로 계산하기 위해서 4년으로 했습니다. 통일성을 위해 직전에 자세히 봤던 '한국콜마'를 갖고 해보겠습니다.

네이버 증권 섹션에서 한국콜마를 검색한 후 클릭합니다. 밑으로 가면 기업실적분석 중에서 PER을 봅니다. 2017년 PER 36.61, 2018년 PER 36.09, 2019년 PER 36.78입니다. 여기서 2020년은 예측치지만 PER 21.7입니다. 4년 PER의 평균은 32.795입니다. 여기서 공식에 나왔던 EPS를 곱해주면 됩니다. 어떤 EPS로 계산하느냐에 따라 적정주가는 다양하게 나옵니다.

2019년 EPS인 1284를 곱하면 적정주가는 4만 2109원이 됩니다. 2020년 예상치인 EPS 2122를 곱하면 적정주가는 6만 9590원이 됩니다. 작년의 EPS는 다소 보수적으로 잡았다고 할 수 있습니다. 2020년의 EPS는 조금 더 공격적으로 계산이 되었다고 할 수 있죠. 이보다 좀 더 정교하게 하고 싶다면 분기당 EPS를 파악해서 4분기를 더하는 겁니다.

2019년 4분기 EPS -72 + 2020년 1분기 EPS 543 + 2분기 EPS 372 + 3분기 EPS 548 = 1391이 됩니다. 여기에 직전 4분기

EPS 합 1391 × 2020년 포함 4개년 평균 PER 32.795 = 적정주가 4만 5618원이 됩니다.

최근 4분기로 하면 오히려 적정주가는 가장 저렴한 가격대로 나옵니다. 아직 4분기가 발표되지 않았지만 네이버에는 이미 예측치가 발표되었습니다. 말한 것처럼 이는 여러 증권사의 애널리스트가 발표한 예측치의 평균을 보여주는 겁니다. 이를 토대로 한다면 2019년 4분기가 제외되고 2020년 4분기를 포함하면 됩니다. 이런 계산에 따라 하면 다음과 같습니다.

4분기 EPS 2322 X 4년 평균 PER 32.795 = 적정주가 7만 6150원이 됩니다.

이렇게 적정주가를 계산해봤는데 무엇 하나도 정확히 떨어지는 것이 없습니다. 어떤 걸 쓰느냐에 따라 적정주가는 천차만별입니다. 적정주가도 최소 4만 5618원에서 최대 7만 6150원까지 나옵니다. 한국콜마는 2020년에 가장 저렴할 때가 3만 450원이었습니다. 가장 비쌀 때는 5만 4700원이었습니다. 2021년 1월 중순 한국콜마의 가격은 5만 3000원대에 거래되고 있습니다. 묘하게도 적정주가 계산 때 제일 저렴한 가격 시점에 매수했다면 이미 꽤 수익을 보고 있겠죠. 가장 비싼 가격까지는 아직 상승하지 못한 걸로 나옵니다.

이런 적정주가 산정은 분명히 불확실하고 엄밀히 따지면 믿기 힘듭니다. 기업을 매수할 때 현재 주가를 근거로 매수해야 하는지 판단하는 데 참고하면 됩니다. 대략적으로 산출된 적정주가와 현재의 주가를 비교해서 매수 여부를 결정하면 됩니다. 적정주가보다 현재 주가가 높다면 매수를 잠시 유보한 후 적정주가로 내려왔을 때 매수하면 됩니다. 적정주가보다 현재 주가가 낮다면 매수합니다. 이런 식으로 적정주가를 근거로 매수 여부를 판단하면 됩니다.

이렇게 하는 이유는 오로지 딱 하나 때문입니다. 아무리 좋은 기업이라도 될 수 있는 한 저렴하게 매수하려는 의지입니다. 산책하는 개에서 이야기한 것처럼 아무리 좋은 기업이라도 특정 시기에는 고평가로 인해 주가가 많이 비쌀 수 있습니다. 좋은 기업이라도 주가는 하락합니다. 하락 후 오랜 시간 동안 주가가 다시 상승하지 못하고 지지부진하면 인내와 고통의 시간이 길어지게 됩니다. 주가가 상승하지 못해도 매수한 금액대 근처면 괜찮죠. 그래서 나름 적정주가라는 걸 구한 후 더 저렴할 때 매수하는 게 좋습니다.

노파심에 다시 말하면 이런 방법은 전부 저렴하게 매수하려는 노력이라고 보면 됩니다. 딱 부러지게 정확한 금액으로 매수하는 게 아닌 비슷한 주가일 때 매수하면 됩니다.

이렇게 어렵게 계산하지 않고 더 간편하게 하는 방법도 있습니다. 네이버 증권 섹션에 종목분석이 있습니다. 스크롤을 내리면 밴드차트라는 그림이 있습니다. PER차트와 PBR차트가 있습니다. 대략 5년 넘는 기간 동안 주가가 PER 또는 PBR 대비로 볼 때 어느 정도에서 움직였는지 나옵니다. PER로만 보겠습니다. 지난 시간 동안 가장 높을 때의 PER, 가장 낮을 때의 PER이 있습니다. 여기에 맞춰 주가가 움직였습니다.

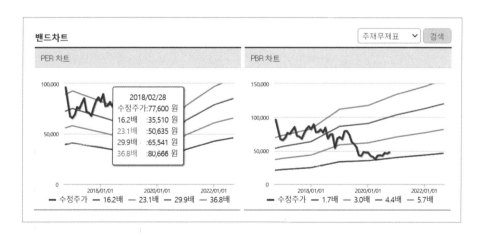

한국콜마로 본다면 2018년 이전에 PER 36.8배보다 높은 주가가 형성되었던 적이 있었습니다. 2020년에 PER 23.1배 근처까지 왔던 적이 있었네요. 한국콜마를 PER 관점에서 볼 때 지금이 가장 저렴한 구간이라는 걸 알 수 있습니다. PER 23.1배와 29.9배 사이에서 움직이고 있으니 말이죠. 그것도 최근만 놓고 본다면 주가가 PER 29.9배보다는 23.1배 근처에 더 가깝게 움직이는 걸 알 수 있습니다. 한국콜마에 대한 확신이 있다면 PER 16.2배까지 주가가 내려갔을 때 마음껏 매수하는 것도 방법입니다.

PER밴드를 봐도 되고 PBR밴드를 봐도 됩니다. 중요한 것은 어떤 것을 보더라도 밴드 상단이 아닌 하단에서 매수하는 거죠. 밴드로 표시가 되기에 계산을 내가 직접 할 필요도 없습니다. 아주 편하게 그래프로 볼 수 있으니 직관적으로 판단하기도 쉽습니다. 이건 어디까지나 해당 기업에 대한 재무제표 등을 보면서 투자해도 되는지 여부를 필터링으로 통과한 기업에만 해당합니다. 모든 기업을 전부 이런 식으로 할 필요는 없습니다.

주식투자라는 게 어렵게 생각하면 한없이 어렵지만 쉽게 접근하면 쉽습니다. 어렵다고 수익이 커지진 않습니다. 이 세상에 더할 나위 없이 똑똑한 분들이 전부 주식투자를 해서 큰 수익을 내는 건 아닙니다. 만유인력의 법칙을 발표한 뉴턴은 천재 중 천재라 할 수 있습니다. 그런 뉴턴도 남해회사에 투자해서 수익도 냈지만 최종적으로 2만 파운드의 손해를 냈습니다. 지금 가치로 20억 원 정도라고 하니 엄청나죠. 오죽하면 "나는 천체의 움직임은 센티미터 단위까지 계산 가능하지만 사람들의 광기는 계산할 수 없었다"라는 고백을 했을까요.

결론은 어떤 선택을 하든 여러분의 자유지만 좋은 기업을 좀 더 싸게 매수하려는 노력은 반드시 필요하다는 것입니다. 정확한 금액은 아니어도 적정주가로 비슷하다고 판단될 때 매수하면 됩니다.

나만의 3만 주
모으기 전략 _____

    배당은 주식투자에서 보너스로 생각하는 사람들도 있습니다. 주식투자의 핵심은 시세차익이라고 보는 거죠. 배당수익 관점으로 주식투자를 하는 분들은 은행에 넣을 때보다 훨씬 더 많은 이자를 받는다는 관점에서 접근하는 겁니다. 금리가 낮을 때 주식시장이 상승하는 이유 중 하나입니다. 1000만 원을 예금할 때 이자가 1.5%라면 1년 후에 세금 전으로 15만 원을 받을 수 있습니다. 이 정도 금액으로 만족할 분은 극히 드물 겁니다. 주식투자로 기업에 1000만 원을 투자했는데 배당으로 200만 원을 받을 수 있다면 흥분하지 않을까요. 이렇게 배당을 많이 주는 기업은 없지만요.

같은 돈으로 더 많은 이자를 받을 수 있다면 누구라도 수익을 쫓아 주식투자를 할 겁니다. 예금과 달리 주식은 주가가 변동한다는 어려움이 있습니다. 1주당 1만 원에 매수를 했는데 9000원으로 하락하면 배당을 더 받았다 하더라도 오히려 손해입니다. 실제로 원금에서 10% 손해가 났으니 말입니다. 이런 리스크가 있다 보니 쉽게 배당만 생각하고 주식투자를 할 수는 없습니다. 이자 개념으로 받는 배당보다는 주가의 등락폭이 훨씬 더 크게 다가오니 말입니다.

흥미롭게도 주가가 내려갈수록 배당수익률은 올라갑니다. 1주에 1만 원인 기업이 주당 배당금으로 300원을 배당하고 있습니다. 현재는 배당수익률이 3%입니다. 해당 기업의 주가가 5000원까지 하락했지만 배당금은 여전히 300원을 지급한다면 배당수익률은 6%가 됩니다. 주가가 하락하는 것은 분명히 그다지 유쾌하지 않은 일이지만 배당 관점에서 본다면 저가에 매수해서 배당수익률이 올라가는 장점이 있죠. 그 후에 주가가 상승한다면 비록 배당수익률이 떨어진다고 해도 시세차익에 따른 수익은 훨씬 커지죠.

그런 관점에서 볼 때 배당수익률이 높을 때 매수한 후에 배당수익률이 떨어질 때 매도하면 됩니다. 여기서 전제조건은 있습니다. 해당 기업의 배당이 꾸준히 이어져야 한다는 거죠. 작년에 배당했던 것만큼 올해도 배당할 것이라는 믿음이 있어야 합니다. 이를 위해서는 재무제표에 있는 배당성향을 봐야 합니다. 배당성향이 최근 몇 년 동안 이익 중 몇 퍼센트인지 확인합니다. 최소한 해마다 그 정도의 배당성향은 유지할 테니 말이죠. 작년과 올해의 이익이 비슷하다면 주가가 얼마냐에 상관없이 주당 배당금은 특별한 일이 없다면 같겠죠.

계속 예로 들었던 한국콜마를 보겠습니다.

당기는 2019년, 전기는 2018년, 전전기는 2017년도입니다. 현금 배당성향이 2017년 15.7%, 2018년 17.4%, 2019년 18.9%로 점점 상승하고 있는 걸 볼 수 있습니다. 주당순이익은 하락했는데도 현금 배당금 총액은 오히려 더 상승했다는 것도 확인할 수 있습니다. 앞에서 설명한 것처럼 주주들에게 회사가 전혀 어렵지 않다는 걸 보여주기 위한 방법 중 하나로 배당금을 지급했습니다. 우리는 현금이 결코 부족하지 않다는 걸 보여준 거죠. 2020년에도 (별도)당기순이익이 2019년과 같은 400억 5100만 원 정도라면 주당 최소 300원은 받을 듯합니다.

2017년 주당 배당금 300원이 최저였던 걸 보면 가능할 듯

〈최근 3사업연도 배당에 관한 사항〉

구분		주식의 종류	당기	전기	전전기
			제8기	제7기	제6기
주당액면가액(원)			500	500	500
(연결)당기순이익(백만원)			29,058	42,307	47,262
(별도)당기순이익(백만원)			40,051	52,115	44,178
(연결)주당순이익(원)			1,284	1,954	2,240
현금배당금총액(백만원)			7,551	7,374	6,331
주식배당금총액(백만원)			–	–	–
(연결)현금배당성향(%)			18.9	17.4	15.7
현금배당수익률(%)		보통주	0.7	0.5	0.4
		종류주	–	–	–
주식배당수익률(%)		보통주	–	–	–
		종류주	–	–	–
주당 현금배당금(원)		보통주	330	330	300
		종류주	–	–	–
주당 주식배당(주)		보통주	–	–	–
		종류주	–	–	–

배당가능이익 범위 내에서 배당성향 10% 이상 유지를 지향함.
안정적인 배당 지급을 위해 배당금 지급액은 배당금 지급액의 ±20% 이내에서 변동하도록 함.

합니다. 2020년에는 2019년보다 이익이 더 나올 것으로 예측되고 있습니다. 실세로 2019년 4분기에 당기순이익이 적자였으니 2020년에는 적자 내는 분기만 없어도 충분히 배당금을 주당 300원 이상 받을 듯합니다. 혹시나 그렇지 못해도 지금까지 한국콜마의 배당성향으로 봤을 때 주당 300원 정도 받는다고 해야겠죠. 주당 배당금이 확정되었으니 주가가 하락할수록 배당수익률이 올라갑니다. 어떻게 보면 다소 역설적이죠.

배당수익률 관점으로 보면 배당수익률이 올라가면 올라갈수록 매수하려 노력합니다. 배당수익률이 낮아졌을 때 매도를 고려합니다. 배당수익률이 높다는 것은 주가가 낮다는 뜻입니다. 배당수익률이 낮아졌다는 것은 주가가 올랐다는 뜻이죠. 물론 주가와 상관없이 배당금이 줄어들어 배당수익률이 낮아질 수도 있습니다. 그렇기 때문에 해당 기업의 재무제표를 보면서 배당성향을 봐야 합니다. 갑작스러운 경제상황이나 경기가 하락해서 매출과 이익이 줄어들어 배당금이 줄어들 위험도 있는 건 사실입니다.

이처럼 배당수익률 관점에서 매수와 매도 여부를 결정하면 됩니다. 금리 대비로 3% 이상의 이자를 더 받으면 만족하겠다는 사람이 있습니다. 예를 들어 현재 금리가 1%인데 배당수익률로 4% 이상 나온다면 해당 기업 매수를 결정할 수 있겠죠. 배당을 많이 주는 업종으로 증권사가 있습니다. 이중에서도 증권사 우선주로 한다면 배당수익률은 좀 더 높겠죠. 이런 식으로 접근하면 됩니다. 꾸준히 배당성향이 유지되고 배당금도 비슷하거나 상승한다면 해당 기업을 매수하면 됩니다.

KT&G가 있습니다. 2017년부터 1주당 배당금을 4000원 이상을 지급했습니다. 담배를 주로 판매하는 회사로 급격한 매출과 이익의 상승은 힘들지만 매출과 이익은 꾸준하다는 장점이 있습니다. 2020년에도 특별한 일이 없다면 4000원을 배당할 겁니다. 만약 9만 원에 매수한다면 약 4.4%의 배당수익을 얻을 수 있습니다. 4% 이상 이자를 받으면 된다는 조건에 부합하죠. 주가가 9만 원보다 오르면 배당수익률은 하락하고 9만 원보다 저렴하게 매수한다면 배당수익률은 상승합니다. 절대 조건이 9만 원은 아니지만 이런 관점으로 접근하면 됩니다. 지난 몇 년간의 주가를 살펴보니 9만 원에 매수하면 크게 하락하진 않을 듯합니다. 더구나 어차피 배당수익률 관점으로 접근했으니 매도하지 않으면 되는 거죠. 꾸준히 배당 받는다는 생각으로 보유하면 되니 말이죠.

배당수익률 관점에서 다른 기업도 매수와 매도 여부를 결정하면 됩니다. 무척 편하면서 쉬운 방법이죠. 해당 기업이 지난 기간 동안 배당수익률이 어느 정도 범위에서 움직이는지 파악한 후에 배당수익률이 높을 때 매수하고 낮아지면 매도하는 방법이니 어려울 것도 없습니다. 생각보다 적정주가를 파악하는 방법이 어렵지 않다는 걸 배우셨을 겁니다. 이 외에도 제가 이야기한 배당금으로 버티는 방법 중 하나를 소개하겠습니다.

삼성전자는 한국에서 가장 확실한 기업 중 하나입니다. 삼성전자가 망하면 한국이 망한 거나 마찬가지라는 이야기도 있을 정도죠. 아마도 한국인에게 삼성전자는 다소 애증의 기업이 아닐까 합니다. 훌륭한 기업이지만 다소 안 좋은 모습도 많이 보여줬으니 말이죠. 모든 걸 떠나 확실한 기업인 삼성전자에 투자해서 배당금을 받는 전략입니다. 현재 삼성전자는 분기별로 1년에 총 4회 배당을 합니다. 최근 몇 년 동안 분기당 1주에 354원을 배당했습니다. 삼성전자는 배당을 잘 하는 기업은 아니었는데 외국 투자자들과 여러 상황이 배당을 좀 더 많이 지급하는 정책으로 변경되었습니다. 아마도 특별한 일이 없다면 분기당 354원을 지급하는 건 확실할 듯합니다.

사람마다 욕심이 다르겠지만 분기당 1000만 원 정도를 배당금으로 받는다면 1개월에 333만 원 정도 됩니다. 이 정도면 생활비로 쓰기에 풍족하지 않아도 버틸 수는 있다고 봅니다. 총 3만 주를 보유하고 있으면 1년에 4000여 만 원 정도를 배당으로 받게 됩니다. 주가의 등락에 상관없이 삼성전자 3만 주를 향해 달려가는 겁니다. 당연히 본주보다는 우선주를 매수해야 좀 더 적은 돈으로도 달성 가능하겠죠.

이 전략은 2019년 초에 제가 운영하는 여러 모임에서 주장했습니다. 당장 매수할 수 있는 여력은 없더라도 말이죠. 2019년 초에 삼성전자 우선주가 3만 원대였습니다. 그 당시에 3만 5000원으로 3만 주를 매수하면 약 10억 원 정도를 투자하면 가능했습니다. 많다면 많은 금액이지만 생각보다 크지는 않았습니다. 어디까지나 배당금으로 먹고살아가는 전략이었는데 뜻하지 않게 삼성전자는 그때가 바닥으로 계속 상승했습니다. 그 덕분에 제 전략을 보고 마음에 든다고 하신 분들은 배당금보다는 시세차익이 더 커진 상황이 되었죠.

삼성전자 우선주는 그동안 많이 상승해서 2021년 1월, 약 7만 원대입니다. 현재는 3만 주를 매수하려면 너무나 큰돈이 필요합니다. 당장 3만 주를 매수할 수는 없어도 지금부터 꾸준히 매수하면 됩니다. 돈이 없다면 일단 1000분의 1인 30주를 목표로 합니다. 이것도 한 번에 매수하지 않고 한 달에 3주씩 월 적금한다고 생각하면 되죠. 여기에 분기당 배당이 나오면 이를 쓰지 않고 증권계좌에 모아놓고 재투자하면 됩니다.

생각보다 오래 걸릴 수 있겠지만 꾸준히 매수한다면 나중에 삼성전자 우선주에서 받는 배당금과 국민연금 등의 연금까지 받는다면 노후에 충분히 여유 있는 삶을 살 수 있지 않을까 합니다. '삼성전자 3만 주 작전'이라고 명명하겠습니다. 우려스러운 것은 삼성전자 우선주가 지속적으로 상승한다면 주당 매수해야 할 금액이 갈수록 커진다는 거죠. 그러나 이것저것 신경 쓰지 말고 오로지 3만 주에 집중하면 어떨까 합니다. 저도 2019년부터 꾸준히 사 모으고 있는 중입니다. 배당이 커지면 종합소득세 등이 염려되기도 하지만 일단은 3만 주를 모으는 데 집중해보려고 합니다. 모으는 재미가 있지 않을까요?

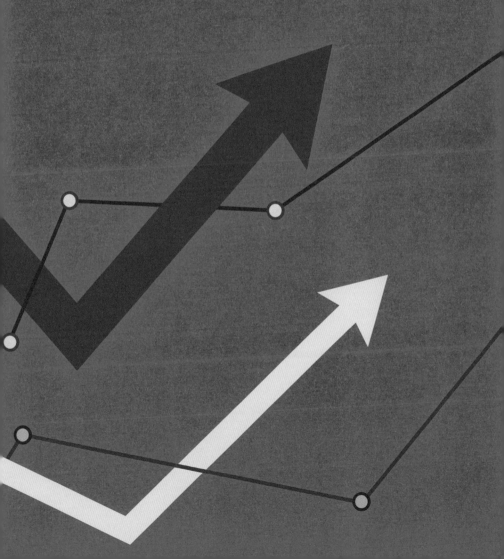

6.
주식투자의 스승들,
아는 만큼 보인다

가치투자의 창시자
_벤저민 그레이엄

가치투자라는 개념은 사실 별다른 게 없습니다. 싸게 사서 비싸게 판다는 개념이니 말이죠. 벤저민 그레이엄은 점성술까지 응용해가며 기업의 본질과는 상관없이 투자하던 시대에 기업을 분석하는 방법을 알려준 투자자입니다. 기업의 재무제표까지 보면서 투자해야 한다는 걸 알려준 분이죠. 이를 통해 주식투자에서 본질은 기업이라는 개념을 사람들에게 알려주었습니다.

무엇보다 워런 버핏의 스승이라 더욱 유명하기도 합니다. 워런 버핏은 도서관에 있는 모든 투자 관련 책을 전부 읽었다고 합니다. 차트 투자 책도 읽었는데 차트를 뒤집어도 결과가 똑같다는 사실을 깨달았습니다. 그리고 우연히 벤저민 그레이엄이 쓴《현명한 투자자》를 읽게 됩니다. 가치투자의 세계로 인도한 책이죠. 이를 통해 워런 버핏은 대학도 벤저민 그레이엄이 있는 컬럼비아대학으로 갔습니다. 대학 졸업 후에도 벤저민 그레이엄이 운용하는 그레이엄 뉴먼 파트너십에 근무했을 정도죠. 가치투자는 워런 버핏에서 꽃을 피웠지만 벤저민 그레이엄이 없었다면 개념이 널리 퍼지지 못했을 겁니다.

벤저민 그레이엄의 가치투자 개념은《증권분석》책을 통해 널리 퍼졌습니다. 이 책은 일반인에게는 다소 어려운 책이라 대중적인《현명한 투자자》를 썼습니다. 가치투자 분야에서는 성경책과 같습니다. 지금은 수많은 가치투자 관련 개념과 방법을 다룬 책이 시중에 넘쳐나지만 결국에는《증권분석》과《현명한 투자자》에서 파생되었다고 봐도 틀리지 않을 것입니다. 모든 원리는 두 책에 전부 다 들어 있습니다.

가장 중요한 개념은 안전마진입니다. 1000원에 살 수 있는 아이스크림을 500원에 산다면 완전히 횡재죠. 아이스크림은 이렇게 생각하면서 주식투자에서 1000원의 가치가 있는 기업의 주가가 800원에 거래되면 다들 매수하지 않습니다. 가치투자란 어떻게 볼 때 기업의 본질과 주가의 괴리감에서 비롯된 정보의 불일치와 오해에서 벌어진 가격 차이를 이용해서 수익을 내는 투자 방법입니다.

원래 1000원에 거래되는 아이스크림을 500원에 샀다면 안전마진이 무려 500원이나 됩니다. 주가는 하루에도 10% 이상의 가격이 널을 뜁니다. 안전마진이 확보되었다는 뜻은 1000원에 거래되어야 할 물건을 500원에 샀으니 더 이상 추가 하락은 없을 가능성이 크다는 뜻입니다. 주가의 특성상 가격이 좀 더 하락할 수도 있지만 미미하겠죠. 안전마진을 확보했다는 뜻은 그만큼 싸게 샀다는 뜻인 거죠. 너무 비싼 가격에 매수하지 않도록 노력하는 투자 방법입니다.

상승하는 주가에 부화뇌동하며 희망으로 가득 차 매수할 때 엄청난 손실을 볼 수 있습니다. 수익을 내는 것도 중요하지만 손실을 보지 않는 것이 더 중요합니다. 투자할 기업의 내재가치를 계산해서 현재의 주가가 그보다 싸다면 매수하고 비싸다면 참습니다. 아무리 좋은 기업이라도 주가가 비싸면 매수하지 않는다는 겁니다. 기업이 내재가치보다 쌀수록 안전마진이 확보된 상태로 매수할 수 있습니다. 말은 쉽지만 막상 해보면 그렇지 않습니다.

좋은 기업의 주가가 계속 상승하는데 매수하지 않고 이를 참는 건 보기보다 어렵습니다. 나름 안전마진이 확보되었다고 생각해 매수했는데 기다려도 주가가 전혀 반응을 하지 않고 제자리에 머물고 있으면 그 또한 답답하고 기회비용 측면에서 손해라는 생각에 매도하고 싶은 마음이 저절로 들게 됩니다. 그럼에도 안전마진이 확보된 상태에서 매수했다면 손해 볼 가능성이 낮다는 게 가장 큰 장점이죠. 이익보다 손해를 보지 않으려고 노력하는 투자 방법입니다.

담배꽁초 투자법도 있습니다. 길거리에 떨어진 담배꽁초라도 몇 모금 필 수 있습니다. 이처럼 비록 현재 주가와 기업의 실적이 별 볼이 없어도 어느 정도 안전마진이 확보된 기업이라면 조금의 수익이라도 낼 수 있는 투자 방법입니다. 기업의 모든 자산을 다 합쳤을 때 평가금액보다 해당 기업의 시가총액이 더 적다면 수익을 낼 수 있습니다. 큰 수익은 아니고 적은 수익으로 만족하고 매도하는 방법입니다. 과거에는 이런 투자 방법을 할 수 있는 기업이 많았으나 현재는 거의 없습니다. 벤저민 그레이엄이 투자했던 초창기와 달리 지금은 널리 알려졌으니 말이죠.

벤저민 그레이엄이 알렸던 중요한 개념 중 하나가 조울증에 걸린 미스터 마켓입니다. 신나게 웃는 날도 있고, 서럽게 우는 날도 있는 환자입니다. 웃는 날은 미쳤다고 생각될 정도로 높은 가격에 주가를 내놓습니다. 우울한 날은 터무니없이 낮은 가격에 주가를 내놓습니다. 조울증 환자가 우울한 날에만 주가를 매수하면 됩니다. 미스터 마켓의 기분을 이용해서 수익을 내면 됩니다. 그렇지 못해 문제일 뿐이죠.

벤저민 그레이엄은 대공황 시대에 투자를 했기에 다소 보수적인 관점으로 기업을 매수하려 노력했습니다. 아무리 좋은 기업도 대공황과 함께 실적이 곤두박질쳤고 이에 따라 주가는 폭락했습니다. 이런 경험을 통해 안전마진이라는 개념도 함께 만든 겁니다. 《현명한 투자자》를 읽어보면 성장주 투자로 엄청난 수익도 냈다고 했습니다. 가치투자라는 것이 꼭 자산이 시가총액보다 낮은 기업을 의미하는 건 아닙니다. 해당 기업을 싸게 사기 위한 노력을 해야 한다는 것이죠.

벤저민 그레이엄이 설명한 보수적이고 방어적 투자자를 위한 조건은 다음과 같습니다.

· 충분한 규모

· 매우 건전한 재무 상태

· 최근 10년 동안 적자 사례 없음

· 최근 20년 이상 연속 배당지급 실적

· EPS 10년 성장률이 33% 이상

· PER 15 이하(최근 3년 평균 이익 기준)

· PBR 1.5 이하

투자계의 슈퍼스타
_워런 버핏

　　주식투자에 별 관심이 없는 사람도 워런 버핏의 이름은 들어 봤을 것입니다. 한국에서도 관련 도서가 무려 100권이 넘을 정도 죠. 세계 부자 순위에서도 지난 몇십 년 동안 단 한 번도 5위 밖으로 벗어난 적이 없습니다. 워런 버핏을 투자자만으로 보기에는 한계가 있습니다. 초창기에는 직접 펀드를 운용하며 투자했으나 지금은 지주회사인 버크셔 해서웨이를 통해 자산 배분을 하고 있습니다. 투자라는 개념보다는 자산 배분이라는 개념이 맞습니다.

　　워런 버핏은 원래 섬유회사였던 버크셔 해서웨이에 투자했습니다. 그리고 모든 지분을 사서 섬유회사로 계속 키우려 노력했지만 끝내 살리지 못하고 현재는 회사명만 남고 지주회사가 되었습니다. 다양한 기업을 보유하고 있는 버크서 해서웨이는 직접 회사의 전체 지분을 인수합니다. 그렇게 보유하고 있는 기업 중에는 회사를 완전히 인수한 자동차보험 회사인 가이코, 캔디 회사인 시스가 있습니다. 여기에 다수의 지분을 갖고 있는 아메리칸익스프레스, 코카콜라, 질레트, 워싱턴포스트컴퍼니, 웰스 파고는 물론이고 최근에는 애플도 보유 중입니다.

워런 버핏은 벤저민 그레이엄을 만나 가치투자의 개념을 받아들여 전 세계에 전파하는 역할을 합니다. 자신이 엄청난 투자 수익률로 증명했으니 말이죠. 주로 투자 기업의 자산에 집중하던 초창기에서 시간이 지나 기업의 성장성을 받아들이는 데 있어 필립 피셔의 영향을 받았다고 알려져 있습니다. 또 파트너인 찰리 멍거를 통해 서로 투자 아이디어를 공유하고 있습니다. 워런 버핏은 해마다 버크서 해서웨이 주주총회를 오마하에서 개최합니다. 자본주의의 우드스톡이라고 불릴 정도로 주주총회임에도 거대한 축제로 열립니다. 주주총회에서 관계사의 제품을 전시하고 판매까지합니다. 솔직하게 자신의 투자 아이디어 과실에 대해 사업보고서를 통해 이야기하는 것으로도 유명합니다.

워런 버핏이 기업을 분석하는 데 있어 중요한 개념 중 하나는 해자입니다. 해자는 중세시대에 외부의 적으로부터 보호하기 위해 성 주위를 둘러 판 못입니다. 쉽게 성에 접근하지 못하도록 한 역할을 의미합니다. 이와 같이 기업 입장에서도 자신만의 독점적 영역이 있다면 어떤 상황에서도 쉽게 흔들리지 않습니다. 독점 기업이라고 할 수도 있고, 충성스러우면서도 열광적인 소비자를 거느린 기업을 의미할 수도 있습니다. 코카콜라 같은 경우 햄버거나 피자를 먹게 되면 나도 모르게 떠오릅니다. 남자들은 대부분 아침마다 수염을 깎습니다. 이때도 수염 하면 질레트 면도기가 떠오릅니다. 애플은 수많은 소비자들에게 절대적인 지지를 얻으며 팔리고 있습니다.

이런 기업들이 판매하는 것을 딱히 다른 것으로 대체하지 못합니다. 브랜드 가치도 어마어마합니다. 해자가 깊고 넓을수록 기업은 여러 상황에서도 든든히 버틸 수 있습니다. 실적이 급격히 줄어드는 경우가 드물다고 할 수 있습니다. 사람들은 다른 걸 대체해서 소비하고 싶어도 이미 강력하게 인식되어 있는 해당 제품을 다른 것으로 교체하는 일은 극히 드물 테니 말입니다. 이런 기업을 매수하는 것은, 벤저민 그레이엄식의 저가 매수가 쉽지 않습니다. 저PER와 저PBR을 근거로 매수하려면 기회가 거의 오지 않습니다. 워런 버핏은 그렇기에 너무 싸게 사려는 노력을 하기보다는 적당한 가격이면 사는 쪽으로 방향을 전환했습니다. 그럼에도 워런 버핏이 매수하는 가격대는 우리와 비교도 할 수 없을 정도로 낮습니다.

워런 버핏이 알려준 개념 중에는 허들 뛰어넘기도 있습니다. 많은 사람들이 기업에 투자할 때 자신의 능력 범위를 벗어난 기업에 하려고 합니다. 허들이 자신의 목까지 와 있다면 뛰어넘을 수 없습니다. 자신의 허리에 허들이 있다면 뛰어넘을 수도 있겠지만 역시나 쉽지 않습니다. 무릎 정도에 허들이 있다면 뛰어넘는 데 큰 어려움은 없을 것입니다. 투자하려는 기업에 대해 아무것도 모르면서 투자할 때 투기가 되는 겁니다. 이해하기 쉬운 기업은 허들의 높이가 무릎 정도밖에 안 됩니다. 이런 기업을 찾아 투자해야 합니다. 잘 모르는 기업의 허들이 목 근처에 있다면 공부를 통해 허들이 허리 아래 무릎까지 낮아졌을 때 투자하면 됩니다.

이러다 보니 분석 없는 상태에서 기업에 투자를 함부로 하기 힘듭니다. 워런 버핏은 그런 이유로 종이에 펀치를 딱 10번만 뚫는다고 생각하고 투자하라고 권유합니다. 주식투자를 하면 생각보다 사고 싶은 기업이 엄청나게 많습니다. 그 기업을 전부 제대로 이해하고 분석해서 투자하기보다는 마음이 급해서 빨리 매수하고 싶은 거죠. 신중하게 분석하고 노력해서 조사를 한 기업만 투자하라는 겁니다. 이 말을 너무 곧이곧대로 받아들이기보다는 그만큼 매수할 때 해자가 얼마나 있는지 분석하고 조사해서 얼마나 허들이 낮은지 파악한 후 투자하라는 의미입니다.

여기서 또 서클이라는 개념도 등장하는데, 무조건 자신이 정한 원칙에서 벗어나면 절대로 매수하지 않습니다. 자신이 생각하는 서클 내에 들어왔을 때만 매수하는 겁니다. 지금도 여전히 워런 버핏은 자신이 모르는 기업은 절대로 투자하지 않습니다. 자신이 생각할 때 저렴한 가격대에 들어섰을 때만 매수합니다. 아무리 뛰어난 기업이라도 원칙을 절대로 어긴 적이 없습니다. 워런 버핏도 인간이라 나중에 잘못 판단했다고 고백하며 손해를 보기도 하지만 말이죠.

워런 버핏과 관련한 사례와 개념은 수도 없이 많지만 무엇보다 그에게 배워야 할 가장 확실한 것은 기다리는 인내가 아닐까 합니다. 인간이라고 할 수 없을 정도로 놀라운 인내력이 지금의 워런 버핏을 만들었다고 봅니다. 기업을 볼 줄 아는 눈도 중요하지만 그보다는 자신이 정한 원칙에 들어서야만 매수하고 매도하는 인내가 워런 버핏의 가장 위대한 점입니다. 저와 같은 일반인은 늘 부화뇌동하고 수없이 마음이 요동치면서 매수하지 못해 안달이고, 매도하고 싶어 손이 근질근질한데 말이죠.

워런 버핏에 대해서는 수많은 책이 있지만 그중에 그의 자서전인 《스노볼》과 《워런 버핏 평전》이 그의 인생과 투자에 대해 세세하게 알려주고 있습니다. 여기에 워런 버핏이 직접 쓴 책은 없지만 해마다 워런 버핏 자신이 쓴 사업보고서를 바탕으로 엮은 《워런 버핏의 주주서한》과 버크셔 해서웨이의 주주총회에서 질의응답했던 내용을 엮은 《워런 버핏 바이블》, 《워런 버핏 라이브》를 함께 읽는다면 도움이 될 것입니다.

성장주 투자의 아버지
_필립 피셔

　워런 버핏이 "필립 피셔는 오늘의 나를 만드는 스승이다"라는 고백을 할 정도로 필립 피셔가 미친 영향은 큽니다. 필립 피셔는 벤저민 그레이엄과 달리 성장하는 기업을 발굴하고 보유하는 투자를 했습니다. 필립 피셔가 보유했던 기업으로는 다우케미컬, 모토로라, 텍사스 인스트루먼트 등입니다. 이들 기업을 잠시 보유하고 매도한 것이 아닌 수십 년 이상 보유했습니다. 그로 인해 수십 배에서 수백 배까지 엄청난 수익을 올렸습니다. 장기간 성장하는 기업이라면 매도할 이유가 없다는 걸 몸소 보여줬습니다.

1950년대에 텍사스 인스트루먼트와 모토로라를 매수했습니다. 텍사스 인스트루먼트는 1980년대에 매도했고, 모토로라는 2000년대까지 계속 보유했습니다. 성장주라는 개념을 세상에 널리 알린 장본인이지만 이 정도면 인내의 끝판왕이라고 해야겠죠. 기업을 분석할 때 다양한 요소를 감안해야 합니다. 그중에서 필립 피셔는 질적인 분석을 중시하고 이를 토대로 기업을 매수했습니다. 그가 기업을 분석할 때 활용한 15가지 항목은 지금도 여전히 강력한 방법입니다.

식품주와 같은 기업을 꼭 성장주에서 배제할 필요는 없지만 시대와 사회 분위기에 따라 시대를 이끌어가는 기업에 투자한다고 할 수 있습니다. 새로운 기술에 따라 우리가 살아가는 세상을 변화시키는 제품을 판매하는 회사라 할 수 있습니다. 최근 몇 년 동안 넷플릭스, 애플, 페이스북, 아마존 같은 기업이라 할 수 있죠. 이런 기업은 비록 성장하는 데 있어 부침은 있을지언정 지속적인 성장을 했습니다. 1~2년만 놓고 본다면 성장에 대한 의구심이 들 때도 있었고 과노한 주가 상승과 하락에 정신을 못 차릴 때도 있죠.

성장주의 특징은 이런 식으로 시장의 평가를 제대로 받는 기간이 꽤 오래 걸립니다. 시대의 흐름에 부합되면 엄청난 실적과 함께 주가 상승이 상상을 초월할 정도입니다. 가치투자라는 개념이 꼭 자산주와 같이 성장은 더디고 자산만 많이 갖고 있는 기업은 아닙니다. 기업의 본질과 실적에 비해 저평가된 기업을 매수하는 겁니다. 성장 기업을 저평가된 상태일 때 매수하는 것은 너무 힘듭니다. 워런 버핏이 무조건 저가보다는 적당한 가격에 매수하려 노력하는 이유입니다.

형편없는 기업을 아주 싼 금액에 매수하는 것보다는 훌륭한 기업을 적당한 금액에 매수하는 것이 더 좋습니다. 성장주 투자에서는 해당 기업의 실적을 바라보는 눈보다는 기업이 어떤 식으로 성장할 것인지를 그려보는 눈이 더 중요합니다. 그렇다고 너무 성장에만 치중되어 현재의 실적은 거들떠보지도 않고 투자하는 기업은 반짝하고 사라질 수도 있습니다. 성장과 실적이 결부되었을 때 본격적인 주가 상승으로 엄청난 수익을 낼 수 있습니다. 그런 기업을 장기간 보유해야만 한다는 사실도 중요합니다. 그걸 해낸 사람은 인생이 변화될 정도로 의미 있는 금액의 수익을 보상받습니다.

필립 피셔는 《위대한 기업에 투자하라》라는 책을 통해 성장 기업을 어떤 식으로 분석해야 하는지 알려줍니다. 책 제목처럼 어정쩡한 기업에 투자해서 어정쩡한 수익을 내는 것보다는 위대한 기업에 투자해야 큰 수익을 낼 수 있다는 뜻입니다. 그러기 위해서는 정확한 분석을 통해 해당 기업에 대해 확실히 알아야만 합니다. 투자하려는 기업의 사장만큼 자세히 알 수는 없겠지만 그 정도로 분석해야 합니다. 기업과 동행한다는 표현이 바로 그런 의미입니다. 일반인이 그만큼 분석하는 것은 현실적으로 쉽지 않겠지만 최소한 내가 투자하는 기업에 대해서는 사업보고서 등을 통해 공부한 후에 투자해야겠죠.

필립 피셔의 또 다른 책은 《보수적인 투자자는 마음이 편하다》입니다. 역설적으로 느껴지는 제목이죠. 성장주 기업에 투자한다는 것은 사실 주가가 다른 기업보다 좀 더 출렁일 가능성이 큽니다. 이런 상황에서 마음이 편하다니 뭔가 이상합니다. 마음이 편하다는 것은 내가 투자하는 기업에 대해 많은 조사와 분석을 했기 때문입니다. 주가가 하락하면 더 저렴하게 매수할 수 있는 기회입니다. 주가가 상승하면 상승할수록 내 수익은 커지고 말이죠. 그러려면 해당 기업에 대해 많은 분석을 해야만 가능합니다.

대부분 투자자들이 위대한 기업에 투자하는 것도 어렵지만 이를 장기간 보유하는 것도 결코 쉽지 않습니다. 가능할 것인지에 대한 의문도 있겠지만 필립 피셔는 직접 자신의 행동으로 이를 보여쳤습니다. 계속 언급하는 워런 버핏도 코카콜라를 1988년에 매수해서 여전히 보유하고 있습니다. 30년 넘게 갖고 있으면서 제대로 된 수익을 실현하고 있습니다. 매도하지 않아도 그동안 지속적으로 받은 배당만으로도 실현했다는 표현이 결코 과하지 않습니다.

성장주 투자는 힘들고 어렵지만 기업의 성과를 가장 확실히 누릴 수 있는 투자 방법입니다. 필립 피셔가 했던 방법으로 분석한다면 가능하지 않을까 합니다.

필립 피셔는 성장주에 투자하기 위해 다음의 15가지를 질문합니다.

1. 향후 몇 년 동안 매출액이 지속적으로 상승할 수 있는 제품을 보유하고 있는가?

2. 지속적으로 매출이 확대될 수 있는 신제품을 개발할 의지와 능력이 있는가?

3. 기업의 연구개발 노력은 회사 규모를 감안할 때 얼마나 생산적인가?

4. 평균 이상의 영업 조직을 갖고 있는가?

5. 영업이익률은 충분히 높은가?

6. 높은 영업이익률을 유지하고 개선하기 위한 어떤 노력을 하는가?

7. 노사관계는 훌륭한가?

8. 임원들끼리 관계는 좋은가?

9. 훌륭한 경영진이 있는가?

10. 원가분석과 회계 관리 능력은 얼마나 좋은가?

11. 독자적으로 뛰어난 기술과 노하우가 있는가?

12. 이익을 바라보는 시선이 단기적인가 장기적인가?

13. 향후 증자를 통해 주주의 이익을 훼손하지는 않는가?

14. 기업에 문제가 생겼을 때 경영진은 솔직히 말할 수 있는가?

15. 확실히 믿을 수 있는 진실한 최고 경영진이 있는가?

생활 속 실전투자
_피터 린치

자신의 딸들 생일날은 기억하지 못하지만 수천 개의 상장기업 코드는 외우고 있었던 피터 린치는 은퇴를 결심합니다. 가족과 더 많은 시간을 보내야겠다는 판단으로 말이죠. 피터 린치는 1980년 대에 주로 활동했는데 그가 운용했던 마젤란펀드는 13년 동안 무려 연평균 30%의 높은 수익률을 보여줬습니다. 피터 린치는 생활 속 아이디어로 대박을 낸 경우가 많습니다. 던킨도너츠 25배, 월마트 1000배, 맥도날드 400배, 홈데포 260배, 바디숍 70배, 갭 25배 등입니다.

주말이면 온 가족이 다함께 쇼핑몰에 갑니다. 그곳에서 딸들은 마음껏 쇼핑을 합니다. 여기서 바로 투자 아이디어를 얻었습니다. 사춘기 소녀들은 유행에 민감합니다. 아이들이 무엇을 좋아하는지 어른들은 전혀 알 수 없죠. 그렇게 선택해서 사온 옷이 처음 보는 브랜드입니다. 아이들이 좋아한다면 매출이 늘어나는 건 너무 당연하죠. 해당 기업의 사업보고서를 살펴봅니다. 아직까지 사업보고서에는 매출 등이 노출되지 않은 걸 확인합니다. 책상 앞에 앉아서는 이런 기회를 발견할 수 없죠. 그렇게 찾은 기업 중 하나가 갭(GAP)입니다.

이런 실생활 아이디어는 우리 주변에도 많습니다. 한때 중·고등학생들에게 노스페이스 열풍이 불었습니다. 어른들에게도 국민 등산복이었고, 외국에서도 노스페이스 등산복을 입은 단체는 틀림없이 한국 관광객이라고 이야기할 정도였습니다. 아쉽게도 노스페이스는 국내 브랜드가 아니라 해당 기업 주식을 살 기회가 없었습니다. 그러나 최근에 인기를 끈 MLB와 디스커버리는 달랐습니다. 거리를 돌아다니면 MLB 야구모자나 디스커버리 옷을 입고 다니는 친구들이 많습니다.

해당 기업은 F&F에서 론칭했고, 3년 동안 약 4배 상승했습니다. 피터 린치는 이런 식으로 우리 실생활에서 찾은 기업으로 수익을 낸 경우가 많습니다.

미국은 칵테일파티가 자주 열립니다. 피터 린치도 펀드매니저로 초청받아 자연스럽게 자신의 직업에 대해 이야기를 합니다. 모인 사람들이 전부 누가 누구인지 모르는 경우가 많으니 말이죠. 어느 정도 무리가 형성되었을 때 직업이 펀드매니저라고 하면 사람들의 눈빛이 갑자기 빛납니다. 그 파티에서 뜻하지 않게 스타가 됩니다. 너도나도 몰려들어 피터 린치에게 다양한 질문을 쏟아붓습니다. 하지만 어떤 때는 다들 측은한 눈빛으로 바라보면서 그다지 대화를 하려 하지 않습니다. 사람들이 피터 린치에게 몰려들 때는 주식시장이 고평가된 상태고, 외면할 때는 저평가된 상태입니다. 이에 따라 투자 여부를 결정하면 오히려 좋다는 거죠. 바로 피터 린치의 칵테일 이론입니다.

피터 린치가 운용한 마젤란펀드에는 엄청나게 많은 기업이 포함되어 있었습니다. 조금이라도 눈여겨본 기업은 소량이라도 매수했다고 합니다. 심지어 나중에 투자할 기업을 발견하고 투자하려고 보니 이미 자신의 펀드에 편입되어 있던 기업이라는 걸 알게 된 적도 있다고 합니다. 관심 가는 기업을 1주라도 사놓으면 저절로 눈여겨보게 되고 해당 기업의 주가와 실적을 지속적으로 추적 관찰하게 됩니다. 괜찮은 아이디어로 기업을 발견했다고 무조건 많은 돈을 투입하기보다는 일단 1주만 사놓고 분석하면서 괜찮다는 판단이 들면 조금씩 매수하면 됩니다.

피터 린치가 한 말 중에 한국에서 계속 회자되는 것은 좀 엉뚱하지만 "자신이 거주할 주택은 구입한 후에 주식투자를 하라"입니다. 한국과 미국의 상황이 다른 건 이해해야 합니다. 미국은 한국과 달리 전세 제도가 없어 전부 월세입니다. 월세 금액을 볼 때 주택을 구입한 후에 매월 지불해야 하는 이자와 큰 차이가 없거나 더 적을 때가 꽤 있습니다. 이러니 주거의 안정성을 확보한 후에 주식투자를 하라는 의미입니다. 미국은 월세 보증금이 월세의 2~3개월치밖에 되지 않습니다. 주택을 구입하려면 최소한 계약금이 있어야 하니 목돈이 필요한데 그럴 돈이 그다지 많지 않거든요. 한국과 상황은 다소 다르지만 주거의 안정성을 강조한 이야기라고 받아들이시면 될 듯합니다.

피터 린치는 대형주보다는 대박이 될 소형주를 좀 더 중시했습니다. 대형주는 누구나 알고 있는 기업으로 수익은 크지 않을지라도 안정적으로 주가가 상승할 가능성이 큽니다. 소형주는 투자자들에게 인지도도 낮고 실적도 들쭉날쭉해서 주가변동성이 큽니다. 아무 기업이나 무조건 투자하라는 것은 아니고 남들이 아직 잘 모르지만 내가 발견한 기업에 투자하는 것입니다. 대박이 난다면 엄청난 수익을 거둘 수 있습니다. 한 기업에 모든 돈을 투입하지 말고 만약 1000만 원이 있다면 이를 5개 기업에 200만 원씩 나눠 투자합니다. 이중에는 분명히 시간이 지나 수익은커녕 오히려 손해가 나는 기업도 있을 겁니다. 2개의 기업이 이런 흐름을 보였더라도 나머지 3개 기업에서 주가가 크게 상승한다면 손해를 상쇄하고도 남습니다. 3개 기업도 다소 힘들다면 2개 기업은 적당한 수익을 거뒀고 1개 기업에서 대박이 났어도 충분하다는 겁니다. 내가 투자한 금액 1000만 원이 몇 년 지나 수익이 났다면 훌륭한 투자를 한 거죠. 그것도 큰 수익이 났으니 이런 식으로 꾸준히 기업을 발굴하고 투자한다면 분명히 자산은 갈수록 늘어날 겁니다.

피터 린치가 정한 기준은 다음과 같습니다.

· PER < 3년 평균 PER
· 3년간 매출액 성장률 >10%
· 3년간 매출액 성장률 > 3년간 재고자산 성장률

· 20% < 5년간 순이익 증가율 < 50%

· 영업이익률 > 10%

· 이자보상배율(배) > 2

　　피터 린치는 자신의 투자 사례를 직접 설명한 책을 썼습니다. 펀드매니저로 어떤 기업을 매수했고 매도했는지 자세히 알려주고 있죠. 《피터 린치의 이기는 투자》와 《월가의 영웅》, 《피터 린치의 투자 이야기》를 읽는다면 도움이 될 것입니다.

유럽의 워런 버핏
_앙드레 코스톨라니

     소개하는 투자자 중 가장 흥미로운 분이 앙드레 코스톨라니입니다. 다른 투자자와 달리 유럽에서 활동했습니다. 단순히 주식투자만 한 것이 아니라 돈이 된다고 생각하면 안 해본 게 없습니다. 더구나 자신의 투자를 설명하는 데 있어 진지할 뿐만 아니라위트가 넘칩니다. 앙드레 코스톨라니가 쓴 책을 읽어보면 투자를이렇게 재미있게 할 수도 있구나 하는 걸 깨닫게 됩니다. 수익을내고, 손실을 보는 것이 아닌 아이디어를 갖고 투자 여부를 결정하는데 단순히 기업의 본질에만 집중하지 않습니다. 말도 안 되는 이유를 갖고 매수와 매도를 결정하니 말이죠.

대부분 투자를 잘하는 사람들은 단순히 투자에만 집중하는 것 같지만 절대로 그렇지 않습니다. 다른 분야에도 꽤 조예가 깊습니다. 투자를 잘하려면 세상 돌아가는 걸 잘 파악하고 이해해야 합니다. 투자를 잘한다는 것은 세상의 변화를 잘 캐치한다는 뜻이기도 합니다. 그러기 위해선 다양한 분야에 대해 알아야 합니다. 동시대를 살아가는 사람들의 관심이 어디로 향하는지, 무엇을 좋아할 것인지 등을 말이죠. 다른 투자자와 달리 유독 앙드레 코스톨라니는 이와 관련된 많은 에피소드가 있습니다.

클래식 연주회를 가려고 했는데 가지 못해 주식을 매수하거나 매도한 일도 있습니다. 다소 미신 같지만 실생활에서 벌어지는 현상을 갖고 자신의 투자와 접목해서 결정하는 이야기를 자주 들려줍니다. 단기간에 백만장자가 되는 법도 알려줍니다. '부유한 배우자를 만난다, 유명한 사업 아이템을 갖는다, 투자를 한다', 이런 내용은 이제 다른 투자 서적에서도 자주 만날 수 있을 정도죠. 워낙 재미있는 이야기가 무궁무진하지만 그중에서도 달걀 이론이 가장 유명합니다.

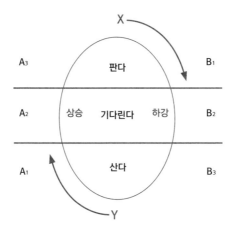

　　각 국면에 따라 앙드레 코스톨라니는 다음과 같이 움직일 것을 권합니다.

- A1 = 조정국면(거래량도 적고 주식 소유자의 수도 적다)

- A2 = 동행국면(거래량과 소유자의 수가 증가한다)

- A3 = 과장국면(거래량은 폭증하고 주식 소유자의 수도 많아져 X에서 최
  대점을 이룬다)

- B1 = 조정국면(거래량이 감소하고 주식 소유자의 수가 서서히 줄어든다)

- B2 = 동행국면(거래량은 증가하나 주식 소유자의 수는 계속 줄어든다)

- B3 = 과장국면(거래량은 폭증하나 주식 소유자의 수는 적어져 Y에서 최

저점을 이룬다)

· A1 국면과 B3 국면에서 매수한다. A2 국면에서는 기다리거나 가지고 있는 주식을 계속 보유한다.
· A3 국면과 B1 국면에서 매도한다.
· B2 국면에서는 기다리거나 현금을 보유한다.

달걀을 세웠을 때 맨 위가 경기의 정점이고 아래가 저점입니다. 경기가 순환한다는 의미로 이에 따라 투자 결정을 해야 한다고 알려줍니다. 이걸 사계절에 대입할 수도 있습니다. 정점이 여름이고 저점이 겨울이죠. 여름에서 가을로 갈 때 예금을 인출하고 채권에 투자합니다. 가을에서 겨울로 갈 때 부동산투자를 시작하고 채권을 매도합니다. 겨울에서 봄으로 갈 때 부동산을 매도하고 주식투자를 시작합니다. 봄에서 여름이 될 때 주식을 매도하고 예금에 입금합니다. 이렇게 순환하는 자산시장 사이클에 따라 움직이기를 권합니다. 여름이 되었을 때 주식을 매도하기 시작한다고 보면 됩니다. 저도 달걀 이론처럼 경기는 순환하고 사이클은 돌아간다고 생각합니다.

투자를 오래 한 사람들은 한결같이 경기는 사이클이 있다고 봅니다. 이와 상관없이 투자하는 사람들도 있지만 대부분 어느 정도 감안하고 투자 여부를 결정합니다. 투자 경력이 짧은 분들은 이런 상황에 대한 감이 없겠지만 오래 하신 분들은 다르죠. 남들이 욕망에 휩싸일 때 두려워하고, 남들이 공포에 무서워할 때 오히려 탐욕을 가져야 합니다. 여기서 사이클이 있다고 했지만 기간에 대해 생각할 필요가 있습니다. 앙드레 코스톨라니가 사이클이 있다고 한 기간은 1~2년은 아닙니다. 10~20년이라는 기간을 의미합니다. 사람들이 자주 경기는 순환된다는 걸 잊는 이유입니다. 이토록 긴 호흡으로 투자를 바라보는 사람이 극히 드물거든요.

주식투자에서 가장 힘든 것은 주가의 등락입니다. 아무리 좋은 기업을 매수했어도 하루에 10%씩 움직일 수 있는 것이 주가입니다. 매수하는 순간 주가가 상승할 것이라는 희망을 갖지만 뜻하지 않게 주가가 하락하는 경우도 많습니다. 이런 경험을 몇 번 하다 보면 사람들은 주식투자를 어려워합니다. 자산 증식을 위해 무시하거나 외면할 수도 없고 말이죠. 앙드레 코스톨라니가 준 해법이 있습니다. 좋은 기업을 사놓고 수면제 먹고 자라고 합니다. 한 10년 뒤에 일어나 있으면 된다고 하네요. 좋은 방법이지만 현실적으로 불가능하죠. 저 같은 경우에는 해당 기업을 매수한 후에

HTS(home trading system)를 삭제하라고 권유하기도 합니다. 다른 HTS를 개설해서 그곳에서 새롭게 주식투자를 하면 되죠. 둘 다 농담 섞인 표현이긴 해도 계속 들여다보며 주가의 등락에 감정이 출렁이는 것보다는 낫겠죠.

앙드레 코스톨라니는 1999년에 작고하셨습니다. 언제나 유머가 넘치는 분이라 쓰신 책을 읽는 것만으로도 재미가 넘쳐납니다. 안 해본 투자가 없으니 제도권에서 거래되지 않는 자산도 매입해 수익을 내본 분입니다. 아마도 가장 자유로운 영혼의 투자자가 아닐까 합니다. 그만큼 유연하게 투자를 했습니다. 주식을 단 1주도 안 갖고 있을 때도 있었으니 말이죠. 대부분 주식투자자에게 그런 행동은 굉장히 힘든 일입니다. 투자와 투기를 그다지 구분하지 않을 정도였지만 자신이 정한 원칙에 따라 많은 투자를 했습니다. 고맙게도 여러 책을 남겨주기도 했고요.

《돈이란 무엇인가》, 《돈, 뜨겁게 사랑하고 차갑게 다루어라》, 《투자는 심리게임이다》, 《실전 투자 강의》 등을 읽으면 충분하지 않을까 합니다.